JN410636

October, 2016
제3집

LWV Laguna Woods Village

아름다운 동행

라구나우즈 한인들의 이야기

라구나우즈 글사랑모임

LWV Laguna Woods Village

아름다운 동행

CONTENTS

권두사

축사

축 휘호

축시

제1부 그리움과 행복을 안기는 가족

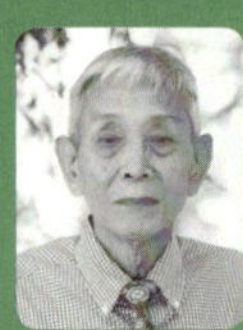

제2부 인생은 아름다운 만남

제3부 자연에 살고 여행에 살고

제4부 조국의 빛과 그림자

제5부 살며 생각하며

제6부 기쁨과 감사가 넘치는 하루하루

제7부 늘 푸른 마음으로

편집후기

自我 發見을 위한 우리들의 글

라구나우즈 한인회장 김 일 홍

Laguna Woods에서 문화사업의 일환으로 "라구나우즈 수필집" 발간을 3년째 이어오고 있다. 2014년 창간호인 라구나우즈의 『한인들의 이야기』 2015년엔 『세상이야기』 3년 차 작업으로 『아름다운 동행』이 탄생하였다. 처음엔 힘이 들었지만 이번에는 쉽게 넘어갔다. 그만큼 이곳 한인들의 글 작업이 향상되었고, 편집인들도 숙달되었다.

이 책의 주인공은 56인의 집필자들이다. 미주 사회에서 많은 고난과 어려움을 겪으면서 이 시대를 살아온 분들이다. 점점 잊혀져 가는 자신들의 옛이야기를 현실의 삶에서 자아 발견을 위한 존재의식의 규명과 수려한 필치로 평범한 이야기를 가슴 따뜻하게 글을 써 내놓았다. 늙마에 장한 일들을 하셨다.

돌이켜 보면 이곳의 한인들은 말은 있어도 글이 없었다. 그렇게 오랫동안 이민 생활에서 글과 담을 쌓고 살았다. 글은 마음의 이야기다. 마음속에서 분출된 글은 누구에게나 다 용해되어 스며들게 마련이다. 그래서 이번 우리가 발행한 책을 통해 Laguna Woods의 많은 사람들이 행복한 소통과 만남이 이루어지리라 생각한다. 실로 혁명적이라 아니할 수 없다. 앞으로 더 적극적으로 글쓰기 작업을 할까 한다. 아직도 우리들이 못다 한 이야기를 남기고 싶어서다.

날로 증가하는 한인들의 수가 몇 년 사이에 1,200명으로 늘었다.

이들 중 많은 분들이 글 창작반을 만들어 글 공부하기를 원하고 있다. 내년에는 이들을 모아 글공부를 시작하련다. 좋은 작품이 탄생하리라 생각한다.

책 작업에 격려와 추천서를 써주신 고영철 장로님, 김선하 선생님. 그리고 어바인 최석호 시장님에게 감사를 드리고, 삼복더위에 활자와 실랑이를 하며 고생하신 김귀양 편집위원장님, 이영옥, 김소향 편집위원님, 박승원 사진 작가님, 그리고 책을 만드는데 재정적인 뒷받침을 해주신 김병희 한인회 이사장님과 기부로 후원해 주신 여러분들, 가치 있는 책을 편찬하기 위해 성의를 다해 주신 김영란 북산책 대표님, 그 외에도 여러 모양으로 도움을 주신 모든 분들에게 진심으로 감사를 드린다.

감사합니다.

2016년 7월에

이민자들의 기록과 교육 그리고 인생의 길잡이 되길

어바인 시장 최 석 호

라구나우즈는 이미 미국에 살고 있는 한국 교포들에게 각광받는 훌륭한 은퇴 도시로 많은 한국인들이 모여 살고 있다는 것은 잘 알려진 사실입니다.

천여 명으로 추산되는 한인들의 숫자가 되다 보니 여러 형태의 모임들이 많아서 저도 옆 동네에 사는 사람으로 가끔씩 초대되어 행사에 참여해 왔습니다. 그중에서도 『LWV 세상 이야기』 수필집 발간의 축하행사는 인상에 남을 만한 뜻있는 행사였습니다. 수필 아니면 주로 추억을 담은 기나긴 인생 여정의 행로들을 한 권의 책자에 담아 서로 나눌 수 있는 도구를 마련했다는 것이 참 의미 있는 일이라고 찬사를 드린 지가 엊그제 같은데 또다시 2016년도 『아름다운 동행』이 나온다니 그 열정과 정성에 다시 한 번 박수를 보냅니다.

생각하면 어찌 단 한 권에 그 많은 분들이 하고 싶은 이야기를 다 담을 수가 있겠는가 판단이 섭니다. 그래서 시리즈로 매년 출간되는 것이 당연하다고 생각됩니다. 새로 이사 오시는 분들이 계실 테니 그 분들의 새로운 이야기들이 소개될 것이고, 미처 기회가 없어서 기고를 못 한 분들에게도 차례가 다시 찾아오니 년간 간행물로 자리잡아가는 '라구나우즈 빌리지의 편찬'은 날이 가고 해가 갈수록 더 재미있고 알찬 내용들로 가득 채워질 것으로 믿습니다.

여러 가지 성공과 애환과 '나' 만의 달고 쓴 경험의 이 이야기들이 라구나우즈 빌리지에 사는 한인 구성원의 테두리를 벗어나서 전 미주와 또 멀리는 조국까지 전달되어 이민자들의 역사가 기록되고 교육이 되고 인생의 길잡이가 될 수 있기를 희망합니다.

출간을 다시 축하드립니다.

2016년 7월 28일에

LWV 제3호『아름다운 동행』 발간에 즈음하여

자문위원 고 영 철

2014년 11월 "한인들의 이야기" 창간호가 나온 이후 LWV 한인들은 글쓰기에 대한 관심이 고조되어 이제 제3호인『아름다운 동행』이 출간된다고 하니 LWV 교민의 한 사람으로서 자랑스럽게 생각한다.

작금 많은 출판물과 이메일에 소개되는 장수의 비결에 대한 글이 많이 나오는데 권면사항은 독서와 글쓰기를 장려하는 내용이 들어있다. LWV의 한인들이 그 권면을 따르고 있으니 이제 20년 후에는 이 마을에 100세까지 글 쓰는 한인들이 속출할 것을 기대할 수 있게 되었다.

출판물이 활자화되려면 편집인의 수고가 많다. 잘못된 맞춤법과 문장을 바로 잡아주는 교정원의 정성스러운 노력이 필요한데 다행히 우리 마을에 편집 책임을 맡으신 김귀양 편집장과 이영옥, 김소향 님의 치밀한 교정을, 그리고 사진작가 박승원 님의 노고에 치하를 하고 싶다. 그리고 다행히 우리 마을에는 추진력이 뛰어난 김일홍 한인회장님이 글사랑 클럽의 회장을 겸하면서 잘 이끌어 나가니 좋은 책이 나오리라 생각된다.

이분들의 노고에 "LWV 아름다운 동행" 제3호가 태어났으니 찬사와 감사를 드린다.

우리들은 이 책자를 통해 우리 겨레의 쓰라렸던 과거를 회상하며 우리 세대가 이루어 낸 성과에 자만하지 않고 우리 후손들이 올바른 교훈 안에서 이 사회의 선도자가 되기를 기대하며 우리 모두 협력하여 LWV를 지상의 천국으로 만들어 갑시다.

『아름다운 동행』 제3호의 출간을 축하하면서

고문 김선하

『아름다운 동행』은 LWV에 사는 한국 사람들의 이야기입니다. 그 이야기들 안에 기쁨과 눈물이 서려 있고 꿈과 슬기와 용기가 불꽃처럼 빛납니다.

여기 담긴 이야기들은 한 편마다 독자적인 기품이 뚜렷하고 그 기상과 재치의 흐름은 줄잡아 한국인만의 독특한 맛과 얼이라 할 것입니다.

한국 사람들은 흔히 '해바라기를 닮았다'고 합니다. 해바라기가 해를 따라서 온 몸을 돌리는 것처럼 불볕더위 열대지방에서나, 극한의 북녘, 그리고 우리가 사는 온대지방에서나, 거기 사는 한국 사람들은 단 하루 한시도 한국을 떠나 살지 못합니다. 그 까닭에 여기 실린 글월들은 쓰신 분들 한 분 한 분의 주옥같은 '이야기'이면서 다 함께 모아보면 남의 나라에서 오늘을 살아가는 한국인의 정성과 긍지의 조감도가 되기도 합니다.

이 뜻있고 보람찬 사업을 구상하신 분들, 편집의 고통을 무릅쓰고 봉사하신 분들, 그리고 다른 여러 부문에서 수고하신 분들에게 두루 깊은 감사와 경의를 표하고자 합니다.

LWV의 『아름다운 동행』 제3호의 출판을 축하하면서 이 빛나는 사업이 해를 거듭할수록 더욱더 발전해 나가기를 두 손 모아 빕니다.

遊於藝(유어예)

곽병희

예술에 노닐다.

젊어서부터 도를 이루어 뜻을 세우고, 덕을 쌓으며, 인에 의지하는 삶을 산 후에는 예술(자기가 갖고 있는 재주)에 벗 사귀며 노닐도다의 논어의 술이편 6에 나오는 말입니다.

당시에 예(재주, 예술)를 공자가 예절, 음악, 활쏘기, 말타기, 서예, 수학(셈법)의 순으로 여섯을 지목하였다 합니다.

遊, 유(노닐다, 벗 사귀다, 얽매이지 않는 자유로움)는 그냥 놀이하며 단순히 노는 것을 뜻하기보다는 노니는 자의 정신세계를 무위의 경지로 설명하는 장자가 [소요유]에서 말하는 그 유(遊)와 통하는 것이라 생각합니다.

우리 마을 사람들의 사는 모습이 위의 공자님 말씀과 크게 다르지 않아 이 말을 전서체(중국의 진시황이 문자를 통일하여 쓰기 시작한 서체)로 썼습니다.

휘호와 해설: 박여(泊如) 곽병희(서예작가)

遊於藝 祝 아름다운 동행
丙申 姜治如

아이야!

박승원

너는 어디서 왔는가?
너는 무엇인가?
그리고 너는 어디로 가는가?
폴 고갱이 그린 작품 이름이다.
하이티섬에서 원주민을 상대로 그린
폴 고갱의 걸작품이다.
아마도, 미술사상 가장 철학적인 그림이리라.
나의 사랑하는 아이야!
너는 어디서 왔는지 아느냐?
삶이 무엇인지 알고
마지막으로 가는 길을 찾았는가?
길이 길을 찾아 걸어가리라.
아름답게, 아름다운 삶을 향해
걸어가는 길을.
그 길은,

그 길은,
예수님의 길이리라.
어떻게 떠날 것인가를 생각해 보아라.
우리 함께 떠나는 길을 찾아서 떠나리라.
나의 사랑하는 아이야!
너는 아직 물들지 않고, 순수한 눈동자를 가지고 있구나.

사진 · 글 : 박 승 원

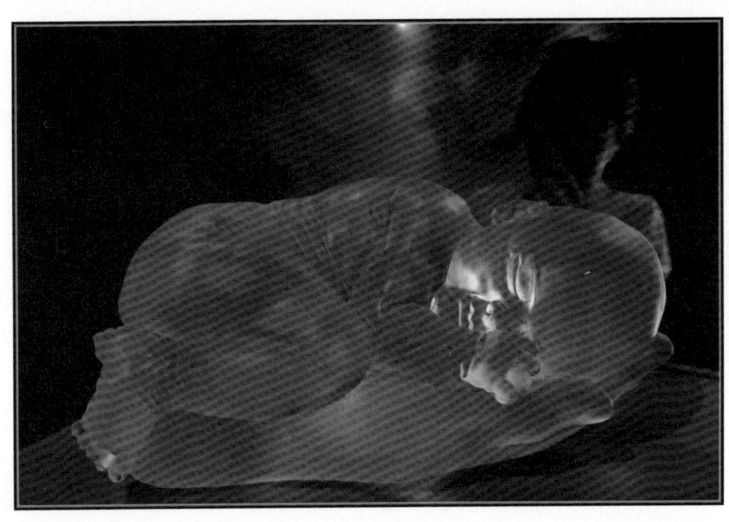

LWV Laguna Woods Village

아름다운 동행

제 1 부
그리움과 행복을 안기는 가족

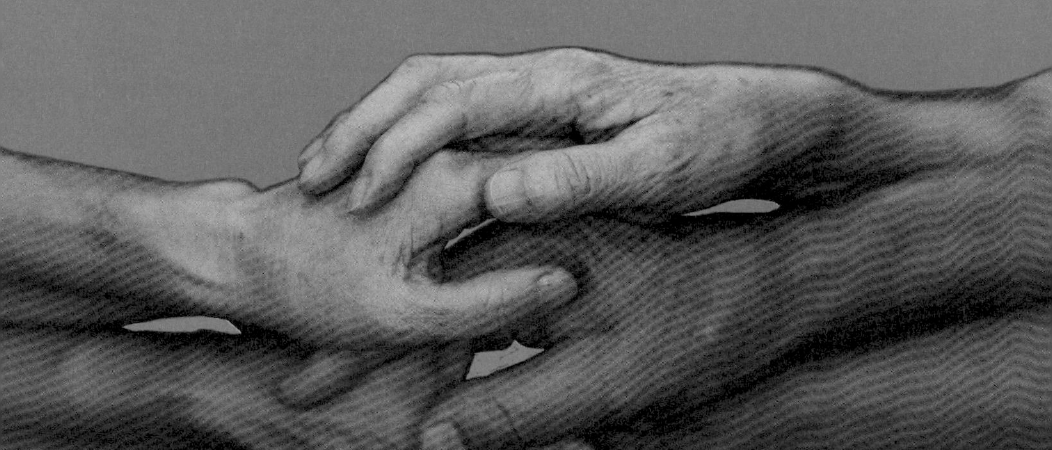

LWV Laguna Woods Village

아름다운 동행

짜장면. 빠다. 김치 그리고 카레

강수지

1970년 3월 24일 12살, 11살짜리 두 딸과 9살 먹은 아들을 데리고 LA 공항에 떨어진 것이 엊그제 같은데 벌써 46년이라는 세월이 흘렀다. 그러고 보니 이제 한국에서 산 세월보다 더 긴 세월이 되었다. 이제는 애들도 다 자기 가정을 가지고 자기 새끼들을 품고 산다.

우리 큰 사위는 중국 사위다. 작은딸은 미국화가 제일 빠르다 했더니 결국 미국 사위를 맞게 되었다. 아들은 초등학교 때부터 '얼굴은 미국 여자가 예쁜데 결혼은 한국 여자하고 해야지' 라고 하더니 결국 며느리는 한국 며느리를 맞았다. 그것도 그냥 며느리가 아니다. 밑반찬, 국, 찌게, 갈비찜까지 안 해 오는 것이 없이 부지런히 날라다 준다.

저녁이면 으레 "어머니 뭐 잡숫고 싶으세요? 지금 시장 보는데요." 라고 전화가 온다. 이런 효부가 어디에 있을까? 하지만 아들은 "엄마 그것 다 내가 시켜서 그래"라며 생색을 낸다. 좌우지간 감사한 일이다.

우리 중국 사위는 밖에서 가운 입은 의사지만 집에 오면 앞치마 두른 주방장이다. 가족 모임이라도 있으면 정말 순식간에 중국요리 접시가 상에 오른다. 그러면 작은 사위는 미국사람 여자 위하는 것 이상 말해서 무엇 하나 시위하듯 본을 보인다. 가끔 손주한테서 전화가 오면 친구가 누구냐고 묻는다. 그러면 일일이 중국 손주야, 미국 손주야, 우리 장손이야 하다 보니 헷갈린다.

그래서 요즈음은 아이디어를 냈다. 중국 손주는 짜장면, 미국 손주는 빠다(버터), 그리고 친손주는 김치.

금년 7월에 빠다, 외손녀가 결혼했다. 역시 빠다하고.

그리고 다음 달엔 짜장면, 외손녀가 결혼한다.

어느 나라 사람이냐고? 이번엔 카레다.

카레라이스가 얼마나 매콤하고 맛있는가?

카레가 몸엔 또 얼마나 좋은가?

하하

4월의 사모곡

김영옥

유난히 겨울이 긴 것처럼 느껴지고 몸을 움츠렸는데 4월은 누구도 막을 수가 없는 모양이다. 곳곳에 형형색색의 꽃들이 만발한 것을 보면서 그동안 까맣게 잊고 지냈던 어머니가 떠오른다. 어머니가 떠나시던 날도 바로 꽃들이 만발한 4월 중순이었으니……

내가 3살이던 겨울 어머니는 달랑 주소 하나만 들고 경상북도 영천읍으로 아버지를 찾아 나섰다. 아버지는 작은 초가집 하나를 빌려서 20여 명의 사람들을 데리고 성냥을 만들고 계셨는데 훗날 이것이 성냥공장의 시작이 되었다. 초례청에서 처음으로 상면한 어머니의 모습은 아버지의 이상에서 멀찍이 벗어난 예쁘지 않은 모습이었고 이래저래 실망한 아버지는 만주로 떠나버리셨다. 막상 만주로 가서는 성냥 만드는 기술을 배우고 2년여 만에 돌아오셨다. 첫날 밤의 열매로 태어난 나를 보시고는 어머니와 헤어지겠다는 마음을 접으셨고 영천으로 가서 자리 잡는 대로 연락하겠다고 하셨다. 하지만 아버지가 주신 연락은 몇 개월 만에 보내주신 단 한 장의 편지뿐이었다.

어느 날 외할아버지는 술이 거나하게 취해서 "집에 있는 이 애물단지는 버려야 한다"면서 마당으로 재봉틀을 던져 버리셨다. 외할아버지의 무서운 모습을 본 나는 외삼촌의 책상 밑에서 울고 있었고 그때의 나 자신의 모습이 아직도 진하게 내 머릿속에 새겨져 있다. 당시 외가는 말죽거리에서 꽤 풍요롭게 살고 계셨고 이모는 말죽거리 초등학교 선생님, 외삼촌은 서울에서 대학을 다니고 계셨다.

해산하러 친정으로 와서는 남편 없는 시댁으로 돌아가지 못하고 친정살이하던 어머니는 워낙 솜씨가 좋아서 이웃들의 소문으로 멀리서도 바느질 청탁을 해왔다. 어머니는 늘 바느질을 하고 계셨으며 청상 아닌 청상으로 바느질하는 딸이 보기 싫었던 외할아버지는 술의 힘을 빌려 재봉틀을 던져 버리셨다.

그즈음 나는 열병을 심하게 앓았는데 할아버지는 핑겟김에 남편 찾아가라고 내쫓다시피 하여 어머니와 나는 아버지를 찾아 영천으로 가게 되었다. 갖은 치료를 다 해도 낫지 않던 열병은 영천에서 씻은 듯이 나았고 그해 겨울 엄마와 나는 잠시 영천에서 살게 되었다.

강에서 방망이로 얼음을 깨뜨리며 빨래하시던 어머니의 그 모습은 내 머릿속에 깊이 박혀 어머니를 생각하면 제일 먼저 떠오르는 모습이 되었다. 엄격한 외할아버지는 어머니에게는 여자가 공부 많이 하면 팔자 사나워진다고 초등학교만 졸업하게 하였는데 외삼촌은 대학을 나왔고, 막내였던 이모는 고등학교를 나온 덕분에 말죽거리 초등학교 교사가 되었다. 훗날 어머니는 당신이 못 다한 공부의 열정을 자식인 우리를 통해서 마음껏 푸셨다.

그 첫 번째로 나는 영천 초등학교 4학년 여름 방학 때 서울로 전학 절차를 밟았다. 큰아버지께서 동대문시장에서 과일 도매상을 하고 계셨다. 일단은 큰아버지 댁에 있는 것으로 정하고 아버지와 함께 서울행 기차를 타기 위해 대구로 갔다. 대구역 근처 대구회관에서 처음 본 천정에서 돌고 있는 선풍기, 나비넥타이를 매고 일하는 종업원, 처음 먹어보는 돈가스 등 나에게는 이 모든 것이 새로웠고 아주 다른 세상에 온 기분이었다.

청계 초등학교에서 대충 절차를 끝낸 다음 아버지는 나에게 창경원으로, 덕수궁으로 서울구경을 시켜주셨지만, 설사병이 난 나는 모든 것이 귀찮았고 엄마만 보고 싶었다. 그렁저렁 일주일이 지나고 아버지가 떠나시는 날, 울고 있는 나를 차마 떼어놓지 못하고 방학 동안 만이라도 엄마와 함께 있으라며 도로 영천으로 데려가셨고 이 일로 말미암아 전학은 불발탄이 되고 말았다.

두 번째는 대구로 중학교 진학이었다. 이 일로 엄마의 품속을 영원히 떠나게 될 줄이야.

세 번째는 고등학교 2학년 때 6학년인 여동생과 4학년인 남동생, 일하는 아줌마를 보내 넷이 살면서 가장 아닌 가장을 맡게 되었다. 매일 아침 동생들 도시락과 찬거리 걱정 등등, 지금 되돌아보면 두 번 다시 할 수 없을 것 같은데 어찌 살았는지 참 잘 견뎌냈다는 생각이 든다. 철철이 있는 학부형 면담은 으레 부모님 대신 내가 했고, 대구에서의 낯선 삶은 또래 친구들과 어울려 보지도 못한 채 보냈으니 대구에서 보낸 6년은 즐거운 추억거리가 하나도 없다.

중학교 진학시험을 보고 온 여동생이 입학시험에 떨어졌을 것이라며 며칠을 울고 있어서 동생을 위해 2차 지원을 서울로 가기로 결정을 했다. 발표 이틀 전에 지원했던 학교로 찾아가서 교감 선생님께 정중히 인사를 드리고 2차 지원 계획을 말씀드리며 "시간이 급해서 그러니 합격 여부를 미리 알아볼 방법은 없을까요?"하고 조심스럽게 여쭈었다. 잠시 망설이시다가 어딘가 다녀오신 후 "2차원서 내지 않아도 되니 울지 말고 잘 지내라"는 말씀에 인사를 어떻게 드렸는지도 모르게 한 걸음에 집으로 돌아와 동생에게 기쁜 소식을 안겨 주었다.

학교에서 돌아와 보니 일하는 아주머니가 보이지 않았다. 찬거리 사러 갔으려니 생각하고 기다렸는데 돌아오지 않아 저녁 준비라도 하려고 쌀독을 열어보니 비어있었다. 혹시나 해서 책상서랍을 열었더니 넣어 두었던 생활비가 몽땅 없어져 버렸다. 그제야 아주머니가 떠난 것을 알아차렸고 연락을 받으신 어머니는 그 밤에 밥을 지어 마지막 버스로 달려오셨다. 울면서 투정부리는 내게 "미안하다, 미안하다."라는 말씀만 연거푸 하시면서 "내 욕심에 너희들 고생만 시키는구나." 하시니 투정부리던 나는 어머니에게 미안한 마음 때문에 더는 투정을 부리지 못하였다.

그 후 나는 서울 이화여대에, 동생은 이화여고로 진학하였고, 남동생은 동성중학교를 나와서 경기고로 진학하게 되었다. 마지막 엄마의 열정은 늦둥이로 난 막내 남동생마저 내게로 보내서 부모님만 영천에 계시고 우리 4남매 모두는 정릉에서 함께 살게 되었다.

너무 일찍 엄마 품을 떠난 탓일까? 동생들을 맡은 의무감 때문일까? 덕분에 나는 일찍 철이 들게 되었고 엄마는 모든 결정을 나에게 맡긴 채 안타까운 마음을 늘 편지로 적어 내게 보내 주시며 마음을 달래시었다. 모아 두었던 모든 편지는 결혼하고 미국으로 오면서 친정에 두고 왔다. 늘 죽음을 준비하면서 사셨던 어머니는 내 유치원 졸업장부터 초등학교 성적표와 상장들, 내가 춤출 때 입었던 옷가지와 소품들, 하물며 어릴 때 먹던 부러진 은수저까지 꼼꼼히 따로 챙겨두셨다.

이따금 어머니가 그리울 때면 어머니의 편지를 꺼내 보곤 하는데 "보고 싶은 내 딸 영옥아"로 시작하여 사람이 살아가는 덕목(중략) "여자는 항상 내 감정에 휘말리지 말고 잘 참아야 하며 참는 침묵이 천만 마디를 대신하니 '참을 인'자를 네 몸에 꼭 붙이고 살아라." 등등 엄마는 편지마다 작은 덕목들을 늘 일러 주셨고 그런 엄마를 실망시키지 않으려고 나와 동생들은 더 조심하면서 살았다.

엄마의 마지막 편지는 막내 동생 결혼식 날을 알리면서 "큰일을 시작하고 보니 너희들 생각이 나는구나. 영주 혼인 때는 현석이 아버지(남편)가 와서 크게 도와주었는데 많지 않은 식구가 한자리에 모이지 못하니 참 섭섭하다. 젊었을 때는 모든 일이 열심히 노력하면 내 뜻대로 되는 줄 알고 허둥거리고 살았는데 이제 돌이켜 보면 내 뜻대로 산 것이 아니라 모두가 주님의 뜻 안에서 이루어졌다는 생각이 든다."

내가 이 편지를 받고 며칠 후 어머니는 성당 기도 모임에서 보고서를 읽던 중 뇌출혈로 쓰러지셨다. 그 와중에도 아버지 놀라신다고 연세 의대 병원에서 레지던트를 하고 있는 막내아들에게 연락해 달라는 것이 마지막 말이 되었고 영영 깨어나지 못하고 우리 곁을 떠나시게 되었다. 엄마가 쓰러지신 후 사흘이 지났는데 아무런 차도가 없다는 연락을 받고 서울로 갔지만 말 한마디 나눌 수 없는 상태였다. 숨 쉬는 것마저도 기계에 의존하고 있는 엄마는 이미 이 세상 사람이 아니었다.

이주 후 결혼식 예정이었던 동생은 물론 온 가족은 어머니의 뜻하지 않은 돌발 사태 때문에 참으로 막막할 수밖에 없었다. 이런 상황이면 벌써 어머니의 삶은 끝이 났어야 마땅한데 계속 연명하고 있는 것을 알 수 없다는 담당 의사 선생님 말씀에 나는 엄마의 숨은 뜻을 알 것 같았다.

급히 사돈댁과 아버지를 설득하여 어머니가 세상을 떠나시기 전에 동생의 결혼식을 올리었고 사흘 후 인공호흡기를 떼면서 어머니를 하늘나라로 보내 드렸다. 어머니를 보낸 4월은 나에게는 너무나 잔인한 달이었는데 어느새 30년이 훌쩍 지났고 나는 어머니에 비하여 이미 5년은 덤으로 살았으니 이제 어머니를 만날 날도 멀지 않은 것 같다.

엄마, 정말 보고 싶어요!!

산으로 이사 간 엄마

박귀옥

어머니날이 들어있는 5월이 오면 제일 먼저 엄마 생각이 난다. 41살 엄마의 꽃상여가 집을 나서던 날, 다섯 살배기 막내 남동생은 “우리 엄마는 산으로 이사를 간대요.” 하면서 어찌나 신나 하던지...... 어쩌면 나의 호스피스 환자 간호는 50여 년 전 암으로 돌아가신 엄마로부터 시작된 셈이다. 병원에서 더 이상의 치료가 불가능해 집으로 퇴원해 온 엄마의 간호는 11살이던 내가 맡았다. 언니와 오빠는 도시에서 학교와 직장을 다니며 주말에야 엄마를 보러 왔다. 어린 마음에 진통제를 자주 먹으면 엄마가 영영 깨어나지 못할 것만 같아 엄마의 신음소리에 짐짓 무관심했던 기억이 호스피스 환자를 간호하며 아픈 기억으로 되살아나 가끔씩 마음이 저리다.

엄마는 나보다 더 가난한 이웃에게 간장 한 병, 된장 한 사발이라도 나누려 애쓰던 부지런하고 사려 깊은 사람이었다. 다른 이웃이 보지 않는 캄캄한 밤에 엄마는 내 손을 잡고 긴 보리밭 길을 지나 쓰러질 듯 서 있던 초가집의 젊은 아기엄마에게 먹거리를 자주 전해 주었다. 엄마의 손을 잡고 집으로 돌아올 때의 뿌듯했던 그 마음이 아직도 생생하다.

며칠 동안 말기 간경변증 환자인 독일 여자 발레리를 간호하고 있다. 올해로 57세가 된 발레리는 최근 들어 불안증세와 환각증세가 심해져 안정이 될 때까지 24시간의 지속적인 간호가 필요하게 되었다. 귀가 들리지 않아 글을 쓰거나 입술 모양을 읽어 의사를 통해야 하는 발레리. 바짝 마른 몸에 코끼리 다리처럼 부어오른 두 다리와 자신의 말대로 축구공 하나가 뱃속에 든 것처럼 부풀어 오른 배를 안고 무엇이든 자기가 할 수 있다고 고집을 피우다가는 나를 끌어안고 흐느껴 울기도 한다. 발레리가 병원 침대에서 몸을 일으켜 나를 자신의 방으로 데려갔다. 어질러진 서랍장 안에 타월로 겹겹이 싼 꽃무늬 커피잔 하나와 쟁반이 엄마의 유품이란다.

발레리에게 안정제와 통증을 호소하는 다리 때문에 진통제를 같이 주었다. 침대에 누운 그녀에게 두 팔로 크게 하트를 그려 보이니 아이처럼 활짝 웃으며 자기도 두 팔을 머리 위로 번쩍 들어 올려 커다란 하트를 만들어 보인다. 발레리처럼 귀가 잘 들리지 않는 이란인 남편 하미드는 아침 10시부터 밤 10시까지 식당에서 일을 하고 아내가 좋아하는 음식들을 가져와 냉장고에 채워 놓는다. 가난해도, 병들어도, 마주 보는 웃음이 해맑은 발레리와 하미드는 지금 누구보다 행복한 사람들이다.

재산 다툼으로 아내와 자식들이 등을 돌리고 그림같이 드넓고 아름다운 저택에서 홀로 쓸쓸한 죽음을 맞고 있는 78세의 은퇴한 사업가, 브렌트를 만났을 때의 마음은 어찌나 참담하던지……

언젠가 팔레스타인인 환자 집엘 갔을 때다. 방안에 켜놓은 TV에서 궁 궁 궁 높낮이가 별로 없는 음악이 계속 흘러나오고 있었다. 거실에는 소리를 질러대는 치매에 걸린 아버지를 결혼한 아들들이 하루씩 교대로 집으로 와 돌보고 있었다. 창가의 소파에 붙박이처럼 앉아 쉴 새

없이 자신의 이름을 불러대는 남편의 음성이 들릴 때마다 환자인 아내는 방안의 병원 침대에 누워 약 기운에 깜박 잠이 들었다가도 화들짝 놀라 눈을 떴다. 그러고는 너 때문에 내가 이렇게 병에 걸려 죽게 되어 더 이상 너를 도와줄 수 없으니 내 이름을 그만 부르라고 문밖을 향해 소리친다. 자신이 병에 걸린 것을 알기 전부터 치매가 시작된 남편을 돌봐온 아내……

엄마가 그동안 너무 많이 힘들었을 거라며 아들이 옆에서 눈시울을 붉혔다. 나는 아들의 커다란 등을 쓸어주며 엄마를 잘 돌봐 주겠다고 약속해 주었다.

엄마의 기억은 누구에게나 소중하고 애틋한 건 아닐까? 세월이 흐를수록 어머니날이 달력 속에 들어있는 5월이 되면 더욱 '산으로 이사 간 엄마'가 그리워진다.

가족의 사랑

양정애

나의 지난날을 글로 쓰는 시간이다. 진실하게 살아온 사람, 아름다운 추억이 있는 사람, 들려줄 이야기가 있는 사람이면 생명력 있는 글을 쓸 수 있다고 했던 누군가의 말이 떠오른다.

그이가 세상을 떠난 지 어느덧 두 해가 되어 오니 새삼스럽게 함께 지냈던 50여 년의 세월이 그리워진다. 나의 힘들었던 대학 시절, 결국은 고학으로 졸업하게 되던 어느 날 오빠 친구의 소개로 남편을 만나게 되었다. 부유한 지주의 막내로 태어난 나는 호강을 하며 어린 시절을 보냈으나 6.25 사변으로 인해 처참할 만큼 어려운 학창 시절을 보내고 있을 때였다.

그 사람이 나를 선택한 이야기는 아마 그이가 아니고는 아무도 생각할 수 없는 특별한 인연이 있었기 때문이다. 그이를 만났을 때의 나의 처지는 너무 보잘것없었으나 그이는 오히려 그토록 어려운 환경을 극복하고 개척해 갈 수 있는 정신력과 바른 생각을 하는 나를 만나게 된 것이 하느님의 특별한 축복이라고 했다. 나 역시 만날 때마다 매사를 대하는 마음과 행동이 남다르게 듬직한 그이에게 차츰 호감을 갖게 되었다. 공군 군의관 대위였던 정복 차림의 그이가 참으로 든든했고 독실한 천주교 신자였기에 더욱 믿음직했었다.

그 당시 나는 결혼할 형편이 아니었으나 어머님을 갑자기 여윈 그이는 혼인을 서둘렀으며, 우리 가족들도 좋은 신랑감을 놓치지 않으려고 내가 졸업하던 해인 1962년 결혼을 허락했다. 우리의 만남은 열정적인 사랑보다는 서로를 배려하는 마음이었던 듯, 50여 년을 큰 갈등 없이 지낼 수 있었던 것도 다 그 때문이려니 한다.

생각하면 그이는 참으로 좋은 남편, 훌륭한 아버지, 그리고 병으로 고통받는 많은 이들에게 더없이 자상한 의사였었다. 나는 이 세상 누구보다도 보람 있게 살아왔다. 내 인생에 몇 번이나 좌절을 겪었고 매일 안간힘을 쓰며 지내 온 세월 동안 그이는 내가 다시 일어설 수 있는 원동력이었다. 불평불만이 많았던 내가 매사에 감사할 수 있게 되었고 나 자신이 얼마나 소중하고 귀한 사람인가를 깨닫게 되었다.

2012년 금혼식에서 그이는 지난 이야기와 더불어 우리의 결혼을 결정한 자신의 판단이 옳았었다고 거듭 강조하면서 무척 행복하다고 했었다. 그이와 살았던 때를 회상하면 내가 그이의 기대에 어긋날까 염려되어 나 자신을 더 닦달하고 못살게 굴었던 것 같다. 그때는 무척 많은 기회와 희망이 내 앞에 훤히 보였다. 잘살아 보겠다는 무모한 욕심으로 나는 이런저런 꿈을 이루려 노력했고 나 자신의 인생까지도 무언가 특별하다고 생각했다. 결국에는 자식과 남편을 위해 내 인생은 내려놓고 사는 것이 그이를 위한 나의 도리라고 여겼었다. 그러다가 나는 진정한 행복을 잃어버린 사람이 되고 말았으나 끊임없이 도전했다.

나는 지금 그이와 함께 이루어 놓은 가족의 힘으로 살아가고 있다.

가족은 딛고 설 바탕, 기댈 수 있는 안전한 버팀목이었음을 그이를 잃은 후 절실히 깨달았다. 가족의 뒷바라지, 사랑, 염려가 없다면 지금 내가 무엇을 가졌다 할 수 있겠는가. 물론 친구들과 주변 여러분의 위로는 많은 힘이 되었다. 그러나 나를 떠나지 않고 항상 지켜봐 주며 누군가가 함께 있다는 확신을 주는 가족의 사랑은 돈도 명예도 줄 수 없는 정신적인 안정감을 준다.

그이의 기침 소리가 들리는 듯하다. 그이는 타인에 대한 완벽한 책임감을 경험하고 싶고 가장 심오한 사랑의 유대를 갖고 싶다면 자식을 길러 봐야 한다고 식구들이 모일 때면 자주 이야기를 했었다. 그이는 떠났지만, 항상 바르게 자라도록 기도와 사랑, 가르침으로 이끌어준 훌륭한 아버지 덕분에 우리 삼 남매 가족은 화목하게 살며 모두 제 몫을 열심히 하고 있다. 우리 둘이서 시작한 한 가정이 이제는 15명의 대 가족이 되었다.

그이는 분명 영원히 가족과 함께하기를 바랐던지 오래전에 우리의 묘 옆에 가족의 자리까지 준비해 두었다. 우리와 작별할 때도 흩어져 사는 삼 남매의 가족들이 어려움 없이 모두 만나게 해주고 싶었던지 손자 손녀들의 여름 방학 동안 떠나시면서 환송을 받으셨다.

나는 이제 그이가 남겨준 모든 지식과 지혜를 모아 내 삶의 새로운 기틀을 마련해야겠다. 그이의 반려자로서 부끄러움 없이 세상에 선한 영향력을 주는 믿음으로 나날을 살아가고 싶다.

긴 옷고름 푼 어머님의 사랑

이강민

어머니! 하고 불러보면 마음속 깊이 솟아오르는 뜨거운 어머니의 사랑을 느낍니다. 늦게 얻은 귀한 아들 하나 잘 키워 보시겠다고 모든 정성을 다하신 어머님을 생각할 때마다 늘 나의 눈시울이 뜨거워집니다. 빨리 키워서 열일곱 살 되면 장가보내겠다고, 나이 어린 자식을 서당(書堂)에 보내니 그것을 잘 감당하지 못해 울고 오는 아들을 보고 결국 '담배 봉초' 두 봉지 들고 서당 선생님께 양해를 구하고 유치원에 들여보냈습니다.

유치원에서는 뛰고 놀기만 했던 자식을 일곱 살 때 국민학교에 보내니 그 자식 또 학교 공부 잘 감당하지 못해 3학년이 될 때까지 중요한 과목인 국어와 산술(수학)에 가(可)만 받아오니(그때는 성적표가 優良可로 나옴) 하루는 어머니가 골방에 데려가 어머니의 길고 긴 옷고름을 풀면서 "나 너하고 같이 목메 죽자, 나 너 하나 믿고 사는데 공부를 이토록 못하니 창피해서 못 살겠다. 내일 장터에 나가 지게를 하나 사 줄 테니 지게 지고 산에서 나무나 해서 가지고 오너라." 나는 어머니의 그 위협 바람에 국민학교를 졸업할 때는 우등생으로 졸업했고 중학교에 들어가서는 같은 학급에서 일등을 했다. 그때 기뻐하시고 자랑스럽게 여기

시던 어머니의 모습이 지금도 생생하게 떠오릅니다.

아버님을 일찍 잃고 어머님 혼자 이 못난 자식 교육 시키느라 고생을 많이 하셨습니다. 어머니께서는 열 마지기 벼농사로 겨우 먹고살고 있던 땅을 팔아 나를 형이 있는 광주로 보냈습니다. 정성 어린 어머님의 사랑과 기도로 이 자식은 대학을 졸업하고 스물다섯에 결혼했습니다. 그동안 어머니는 중풍으로 한쪽이 약해지셔서 지팡이를 짚고 겨우 혼자 다니시면서 외롭게 사셨습니다. 결혼 후 신혼여행으로 고향에 계신 어머님을 뵈러 갔습니다. 시집온 며느리가 생굴을 좋아한다는 것을 아시고, 지팡이 짚고 어려운 발걸음으로 장터에까지 가셔서 굴을 사 가지고 며느리에게 주시면서 "새색시에게 큰 상 차려 주지 못해 미안하다."고 하셨습니다.

열일곱 살 때 장가보내면 아들 며느리에게 주려고 일찍이 장만했던 자개농들, 손님 대접할 때 쓰는 "차이나" 그릇 등 모두 6.25 동난 때 없어지고 아무것도 주지 못하는 어머님의 심정을 실토하셨습니다. 결혼 후 혼자 계시는 어머님을 모시려고 했는데 강원도에서 군의관으로 복무하고 있었기에 겨울을 지나 해동(解凍)하면 어머님을 모시려고 했습니다. 그러나 어머님은 그 겨울을 넘기지 못하고 심한 뇌출혈로 깊은 혼수상태에 빠지셨습니다. 뜻밖에 소식을 듣고 일선에서 달려와 어머니! 어머니! 어머니! 하고 불러보고 몸부림쳤지만 어머니는 아무런 반응이 없었습니다. 의사가 된 자식이지만 어머니를 위해 아무것도 하지 못하고 사흘 만에 돌아가셨습니다.

나는 "어머니 날" 이 올 때마다 교우들에게 그리고 젊은 자녀들에게 " 부모님이 살아 계실 때 효도하라"고 합니다. 해동한 후에, 돈을 번 다음에, 집 장만한 뒤에, 성공한 후에 등등의 이유로 효도하는 것을 뒤로 미루면 이미 늦어 버린다고 말하고 있습니다.

子欲養而親不待(자욕양이친부대)
자식은 봉양하고자 하나 부모님은 기다려 주시지 않네,
去而不見者親也(거이불견자친야)
나가시면 다시 볼 수 없는 것도 어버이이시라.

사랑하는 어머니! 보고싶어요
나를 키워주신 어머니 하늘에 가서 모실게요
어머님의 사랑을 통해 하나님의 사랑 알게 되었네
어머님의 사랑을 통해 제 자식도 사랑할 수 있네
어머님의 그 넓고 깊은 사랑
하나님 사랑과 비할 수 있을까
오! 하나님 감사합니다
이 불효자식에게 좋으신 어머님을 주시고
그 어머님을 통해 하나님의 사랑을 알게 해 주셔서
감사합니다.

어머니날에 자식 이강민

나의 귀한 보물들

이 에스더

꽃 피고 새 우는 아름다운 계절 3월에!
예쁜 사랑의 열매로 하나님의 형상으로 지음 받은 일곱 번째
나의 귀한 보물인 손주 David가 태어나던 날!
병원 뒷산과 앞뜰에는 예쁜 꽃들이 한창 꽃망울을 터트리고 있었다.
하늘도 David를 환영하듯이 유난히 맑고 구름 한 점 없는 파아란 하늘!
창공에 나는 새들도 반갑게 노래하네. 지지배배!
그래서 더 귀엽고 사랑스럽다.

David의 모습을 그려보면,
아름다운 것을 볼 수 있는 "눈"
사랑의 향기를 맡을 수 있는 오뚝한 "코"
예쁜 말, 사랑의 말을 마음껏 표현할 수 있는 은혜의 "입"
좋은 말을 들을 수 있는 복스러운 "귀"
엄마와 같은 치아 수선사가 될 수 있는 유능한 "손과 팔"
어디든지 달려가서 남을 도와줄 수 있는 튼튼한 "다리"
하나님의 지혜를 꿈꾸는 "머리"(큰 두상)
맑고 따뜻한 마음으로 힘차게 뛰는 "심장" 등......

이런 아이로 잘 클 수 있도록 쉬지 말고 기도할 수 있는 "기도의 용사" 할머니가 되길 원한다(나의 간절한 소망).

엄마의 젖을 빠는 그 모습이 얼마나 평화로운지......

아마도 천사의 얼굴이 이렇지 않을까 싶다? 마음껏 먹고 난 후 등을 토닥거리면 시원하게 소화하는 burping 소리가 더 의젓한 모습이고 poo poo 할 때의 그 표정은 또 어찌나 우스꽝스러운지. Shower 한 후 흡족하고 시원해 하는 모습으로 상기 되어 있는 귀여운 모습.

할머니와의 끈끈한 혈육의 사랑이 느껴지듯이 내가 가슴에 안으면 편안한 모습으로 쌔근쌔근 잠을 잔다.

특유의 갓난아기의 냄새가 향기롭게 느껴지면서......

Swaddle로 다리와 팔을 꼭꼭 동여매도 반항하지 않고 오히려 편안하고 행복해하는 표정.

가끔은 풀어주면 해방된 모습으로 기지개를 켠다. 자유를 주셔서 감사함을 느끼며......

태어난 지 22일째 되는 날.

갑자기 엄마 품속에서 "엄마 엄마" 하는 소리!!

얼마나 분명하게 들리는지 David 엄마와 나는 깜짝 놀랐다. 본능적으로 나온 그 언어가 세상에서 제일 아름다운 말로 표현되는 것이 신기했고 놀라웠다.

사랑, 평화, 소망, 열정도 아닌 엄마(mother), 엄마는 열 달 동안 아기와 사랑의 마음으로 호흡하고, 말하고, 행동하며 함께 했다.

주고 또 주어도 아깝지 않은 것이 자식을 향한 부모의 사랑의 마음이 아닐까.

23일째, 드디어 배꼽이 떨어지고 예쁜 모습으로 배꼽 완성.

그러던 어느 날 Diaper를 change 하는데 갑자기 분수가 솟구치듯이 내 얼굴을 향하여 물줄기가 뿌려진다.

어쩔 줄 몰라 손수건으로 닦는 모습을 아기는 그냥 쳐다본다.

아이! 시원해 하는 표정으로~~, 손주의 오줌으로 세수했던 일들~~~.

손주와 함께했던 시간은 되돌아오지 않는다.

건강하고 지혜롭게 잘 커 주기를 기도하며 아쉬운 마음으로 현관문을 나선다. 오늘도 구름 한 점 없는 하늘을 보며 San Diego에서 Laguna Woods 집까지 오면서 몸은 피곤했지만, 마음속의 눈에는 사랑스러운 David가 아른거린다.

다음에 만날 때는 또 얼마나 컸을까 기대하며......

다른 6명의 손주들도 나에겐 너무나 귀한 보물들이다(손자 손녀 각 1명, 외손자 2명, 외손녀 3명) 일곱 명의 나의 손주들, 사랑해!!

세 번이나 C-section한 딸의 산후 조리도 성공하여 딸이 회복된 것을 감사하며......

아버지와 백도

이황

세월의 흐름을 유수와 같다고도 하고 쏜살같다고 하기도 하는데, 내 느낌은 발사된 미사일 같다고 해야 적당한 표현이 될 것 같다. 1999년 이맘때쯤이 생각난다. Y2K 어쩌고 하며 세상의 종말이 올 것 같은 야단법석을 본지가 엊그제인가 하는데 벌써 6년이 훌쩍 지나갔다는 것을 깨닫고 스스로 놀란다. 벌써 고국에선 추석 명절이 지났고, 이곳에도 추수감사절이 눈앞으로 다가왔다.

추수의 계절은 우리에게 많은 것을 생각하게 한다. 비단 농군에게만 해당되는 말이 아니지 싶다. 나에게도 참으로 많은 것을 결실한 한 해였다. 아내가 뒤뜰에서 여름내 알뜰히 품을 내어 거둔 갖은 채소나 나물 같은 것은 물론이고, 때를 따라 정신없이 어지러이 피워준 소담스런 꽃들은 그에 못지않게 우리에게 많은 것을 풍성하게 해 주었다. 또한, 물질적인 수확 말고도 고맙게 거둔 것 중엔 마음에 담아두고 싶은 몇몇 사람들과의 만남도 있다.

그중에 하나 참으로 별일이 아니었는데도 생각할수록 입가에 웃음을 짓게 하는 기분 좋은 만남이 있었는데 그것 또한 큰 수확이라 하겠다.

그 내용은 우스운 동화 같은 이야기로 설명하는 것이 좋을 것 같다. 어느 음악 꽤나 좋아하는 사람이 늦은 밤, 산속에서 길을 잃어버렸는데 멀지 않은 곳에 불빛이 있어 더듬어 찾아 다가갔더니 문틈으로 불빛과 함께 베토벤의 음악이 흘러나왔다고 상황을 설정하여 놓고 보면 쉽게 이해가 될 것 같다. 그때 그 사람의 기분이 어땠을까. 우선은 불빛이 있어 사람이 있겠구나 하고 안도하는 마음이 생겼을 것이고, 자신이 즐겨 듣던 음악이 흘러나오므로 흔하지 않은 동질성의 기쁨과 더불어 놀랍기도 하고, 반갑기도 하고, 어떤 분이 이 집에 사는가 호기심도 발동하지 않았을까 한다. 나의 경우도 이와 다르지 않았다.

얼마 전 나는 필요 때문에 한국의 어느 TV 방송국의 인터넷 아이디를 하나 만들려고 애를 쓰는데, 내가 외국인이고 주민등록번호가 없다 보니 여의치가 않았다. 궁리 끝에 메일(E┌mail)로 문의하였더니 뜻밖에 친절하게도 누군가가 빨리 그 방법을 알려주는 회신을 보내주었다. 그분이 일러주는 대로 하였더니 아이디가 되었다고 바로 연락이 왔는데 그 일을 담당하셨던 분이 바로 그분이다. 이런 사연으로만 보면 뭐 그리 특이한 것도 아닌 것 같지만 나에게는 그렇지가 않았다. 그 아이디가 고마워서가 아니라 그와의 만남이 그렇다는 말이다. 요즘 젊은이답지 않게 친절하고 자상하면서도 신속하게 도와준 것이 고마웠다. 감사한 마음도 전하고 또 한 가지 시정할 것도 있어 다시 메일을 보내며 전에 써 두었던 수필 한 편을 고마움의 인사치레로 보냈는데, 그는 그에 대해 회답을 하며 보내준 글이 고마웠다는 말과 함께 "오늘 퇴근길에 아버지께서 좋아하시는 백도 복숭아를 사가지고 가야겠다는 생각이 듭니다."란 추신도 함께 보내온 것이다. 이것이 사건 내용의 전부다.

나는 이분에 대해 아는 것이라곤 다니는 직장과 이름뿐이고 3번의 메일이 오고간 사실밖에 없다. 짐작으로는 미혼의 아름다운 젊은 여성인 것 같다. 그럼에도 이 분이 나로 많은 것을 생각하게 한 것은, 별것 아닌 것을 보고도 아버지를 생각하는 마음이 예뻐 보였기 때문이고, 아버지께서 좋아하시는 것을 알고 그것으로 즐겁게 해 드릴 줄도 아는 가상한 마음의 소유자이리라는 믿음이 있었기 때문이다. 그분이 내가 효도하는 사람을 예뻐한다는 것을 알 리도 없고 나에게 예뻐 보일 필요도 없는데 그와 같은 말을 한 것을 보면 참 기특하지 않은가?

요 며칠 사이 고국에서 들려온 몇 가지 소식이 나를 우울하게 했다. 앞 못 보는 아버지의 돈을 강도인 양 속여 강탈한 아들의 이야기나, 6.25 때 조건도 없이 우리에게 먹을 것과 피와 또 많은 젊은이의 죽음으로 도와준 우방의 군 지휘관의 동상을, 부모 같은 어른들의 간곡한 만류는 들은 척도 아니하고 철거하겠다고 아우성을 쳐대는 이야기다. 이러한 세태에 그를 알게 되어 그런지 그가 군계일학인 양 돋보였음은 사실이다.

말이 났으니 말이지만, 요즘의 아버지들! 참으로 가엾지 않은가. 어릴 적엔 일제의 핍박으로 잘 얻어먹지도 못했고, 한참의 성장기엔 6.25의 와중에 제때 배우지도 못했고, 정치적이나 경제적으로 빈곤한 국가의 현실은 정서적으로 불안하고 각박한 삶을 살 수밖에 없었던 바로 그 사람들이 아닌가. 위로는 어른들을 모셔야 했고, 아래로는 자식들로부터 치받치는 사회의 분위기에서 국가의 발전과 가정의 보호, 양육이란 두 가지 무거운 책임까지 양어깨에 메고 지금까지 달려온 역전의 용사들! 박수 받아 마땅하나 자라난 아이들은 저 혼자 자란 양 부모를 우습게 보는 나쁜 풍조까지 만연하다 보니 부모나 어른의 말은 뉘 집 개가 짖느냐는 식으로 변해버린 세상이 안타까워 속이 상한다.

아버지들이 지금은 좀 쉬어야 하고 위로받아야 할 세상이 아닌가. 성경엔 하나님이 사람에게 10가지 계명을 주셨는데, 사람들 서로 간에 지킬 것 6개를 주시며 제일 먼저 지켜야 할 것으로 '네 부모를 공경하라'는 것을 꼽으셨다. 그렇게 하면 오래 사는 복을 주겠다고 강조까지 하셨다. 그만큼 부모나 어른을 공경하는 것이 사람이 해야 할 으뜸 도리라는 것을 일러준 것이라고 생각한다. 그러기에 더욱 그분과의 만남이 너무나도 귀하게 느껴졌나 보다.

금년에 얻은 여러 가지 많은 수확에 감사하며, 내가 만난 그분같이 일상의 일들로도 부모를 떠올리고 행동으로 즐거움을 선사하는 젊은이들이 많은 세상이 되었으면 좋겠다.

제 2 부
인생은 아름다운 만남

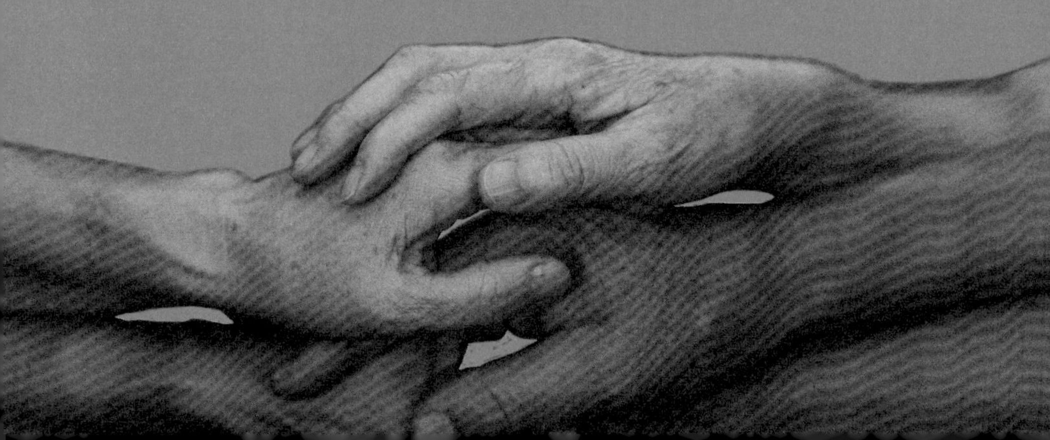

LWV Laguna Woods Village

아름다운 동행

서울에서 만난 친구

강홍식

옛날 우리가 어렸을 때는 '찜프'라는 아이들 공놀이가 있었습니다.

요즘의 야구와 비슷한 규칙의 게임입니다. 근래에는 보기 드문 '연식 테니스' 공처럼 말랑한 고무공을 투수 없이 타자 자신이 공을 높이 던져 올렸다가 공이 떨어질 때 고무공을 주먹으로 내 칩니다. 수비팀이 그 공을 잡아서 베이스에 던져 타자 주자가 베이스를 밟기 전에 베이스지기가 먼저 잡으면 타자는 아웃입니다. 동네 좀 넓은 골목에서 친구들과 이 놀이를 자주 했습니다. 그 친구들 지금은 거의 다 저세상 사람이 되고 말았습니다.

그때 함께 놀던 친구 중 하나가 나의 모국방문을 알았는지 내가 묵고 있는 호텔로 찾아왔습니다. 아침 7시 이른 시간인데 우리 둘은 식전이라 우선 식사할 곳을 찾아 나섰습니다. 난 양복 윗저고리를 챙겨 입고 친구를 따라나섰습니다. 간 곳은 옛날 우리가 가끔 찾았던 청진동 해장국 집입니다. 그리 먼 거리도 아니었는데 친구는 가다가 허리가 아프다며 이따금 가게 앞 의자에 걸터앉아 쉬어가며 걸었습니다. 지팡이를 짚고 숨을 몰아쉬면서 걸어가는 모습을 보니 참 안쓰러웠습니다. 나 역시 전엔 허리가 좋지 않아 물리치료 등 여러 가지 치료를 받았으나 신통치 않았습니다.

그래서 신경외과를 찾아 엠. 알. 아이(MRI) 검사를 받았는데 의사가 '척추관 협착증'이라 진단했습니다. 수술 성공률이 90%라는 말에 힘입어 바로 수술을 받았습니다. 나는 지금은 통증도 가셔지고, 산에도 오를 수 있고, 이렇게 서울 나들이도 하지 않느냐며 친구에게 전문의를 찾아가 정확한 진단을 받아보라고 말했습니다. 만약 척추간 판 탈출 증(디스크)이라면 수술보다는 보존요법 척추 견인술, 물리치료, 척추 마사지 척추신경 경막주사 치료법이 좋다고 설명했더니 이미 병원에 가서 자기도 중증 척추관 협착증이란 진단을 받았다고 하기에 수술받을 것을 권했습니다.

해장국 두 그릇에 소주 한 병을 시켜놓고 친구는 얘기를 시작했습니다. "나 얼마 전에 LA에 다녀왔어." 친구는 자기 첫사랑 얘길 꺼내기 시작했습니다. "아 글쎄, 그녀가 죽기 전에 날 꼭 한 번 만나야겠다고 하잖아. 난 부자가 아니니 그럼 사는 동네 근처 값싼 모텔에 들 터이니 모텔 전화번호나 알려달라고 했지. 그런데 글쎄, 그녀의 남편이 공항까지 내 마중을 나와 자기 집으로 데리고 가지 않겠어? 가보니 그녀는 간암 말기로 침대에 누워서 죽을 날만 기다리고 있었어." 친구는 더 이상 말을 잇지 못하고 아무 말도 못 한 채 그녀의 손을 꼭 잡고 눈물을 흘렸답니다. 그녀의 남편은 목사님인데 새벽기도를 나가면서도 손수 내린 원두커피를 친구에게 건네주더랍니다. 친구는 더 이상 말을 잇지 못하고 푸— 긴 한숨만 내쉬었습니다.

그녀가 좋다면서 줄곧 따라다니던 그 친구의 옛 모습이 지금도 눈에 선합니다. 언젠가 그녀가 집안 형편이 넉넉지 못해 등록금 마련을 못 하고 휴학을 하게 되었는데 이 친구는 자기 등록금으로 대납해주고 공부하기 싫은 김에 자기는 휴학을 해버렸습니다. 그리고는 학교에 다니는 척 근처 대학가를 배회하기도 했습니다. 그런 줄도 모르는 그녀는 공부에 열중하지 않는다고 친구를 만나주지도 않았습니다.

당시 연락을 하는 수단은 오로지 편지 아니면 인편을 통해서 직접 전하는 방법밖에 없던 시절이었습니다. 대문 틈에 쪽지를 찔러 넣었다가 어른에게 발각이라도 되는 날에는 난리를 치르게 되는 때였지요. 전화나 핸드폰은 생각도 못 하던 시절입니다. 그러다가 친구는 입대를 하게 되었고 입대 후로는 외출도, 그 밖의 어떤 수단으로도 연락할 길이 없었습니다.

시간이 흐른 뒤, 어느 날 우연히도 그녀는 친구의 동생을 만나게 되었습니다. 친구의 동생은 미국으로 이민을 와서 우체국 집배원으로 일하고 있었는데 하루는 그녀가 배달하러 온 집배원에게서 등기우편물을 건네받고 수신자 확인을 해주다가 그 집배원의 외모와 목소리가 너무도 그와 닮아서 혹 이런 분을 아느냐 물었더니 놀랍게도 그 집배원이 바로 친구의 동생이었답니다.

호텔 커피숍에 마주 앉아서 가까이 지내던 친구들의 투병생활, 먼저 간 친구들의 장례 경위 등 두어 시간 여러 가지 얘기를 내게 들려주었습니다. 앉았던 자리를 뜨면서 우린 이후에도 또 만나기로 약속을 하고 호텔을 나왔습니다. 지팡이를 짚고 절뚝거리며 을지로 입구 전철역을 향해 멀어져 가는 그를 나는 가로수 뒤에 한동안 서서 바라보고 있었습니다.

옛날 애인

김민정

결혼을 한 사람이든 하지 않은 사람이든 옛날 애인, 그것은 현대의 애인이나 남편 또는 부인이 되지 못한 그런 인연의 사람들을 한두 명쯤은 가졌을 것이다.

그 인연이 얼마나 길었고 또 얼마나 깊은 인연이었는지에 따라 옛 상대자에 대한 기억인 그리움의 양이 달라질 것은 당연한 일로, 특히 지금 40대 이후의 사람들은 그 당시 집안의 반대로 혹은 군대라는 장애물로 끝내 이루지 못한 연애의 경험들이 많을 것 같다.

결혼을 하고 나면 현재의 생활에 만족을 하든, 하지 않든 간에 상관없이 가족들과 더불어 희로애락을 함께하게 되고 또 그러다 보면 한가하게 옛날 애인을 생각할 시간의 여유가 없는 것은 사실이지만 누구나 날이면 날마다 지나간 연인을 생각하며 살지는 않는다.

라디오에서 흘러나오는 노래가 마침 그때 그 사람과 함께 만났던 다방에서 자주 들었던 노래라든가, 아니면 연속극의 내용이 자기의 사연과 너무 비슷하다든가, 어떤 사람이 옛날 애인의 모습과 너무도 비슷하다든가, 아주 사소한 느낌이 가끔 잊어버렸던 그 사람을 잠깐 떠올리게 되는 것이 아닐까?

"나는 연애를 한 번도 해 보지를 못해서"하는 사람, 특히 그렇게 말하는 여자들을 가끔 만나게 되는데 얼마나 매력이 없었으면 그 감미로운 연애 한 번을 못해 보았을까 하며 불쌍한 생각이 들게 한다. 또 어떤 친구는 피눈물 나는 3년간에 걸친 사연을 새벽 2시까지 줄줄이 이야기하는 친구도 있고, 집안의 맹렬한 반대로 이루지 못한 사랑을 21년 동안이나 못 잊고 있다가 21년 만에 한국에 나가 그 사람을 만나게 되었다고 한다. 그 사람은 이 분을 보자마자 두 손을 감싸 쥐고 부들부들 떨었다고 하니 이 두 사람의 사랑이 얼마나 깊었는지를 짐작하고도 남지 않겠는가?

아! 진실한 사랑이란 이렇게도 오랜 세월을 잊지 못하는 것일까?

그렇다면 이 두 사람의 남편이나 부인은 마음속은 딴 곳에 가 있는 사람과 함께 살아온 것일까? 그러나 결혼생활이란 불꽃같은 열정이 없이도 별 불편 없이 살아갈 수 있는 것이리라. 이렇게 깊고도 깊은 사랑의 기억들을 안고 사는 사람들이 서울 또는 뉴욕 어느 한 도시에서 함께 살아가지 않는 것이 천만다행이지 만약에 가까운 곳에서 살았더라면 누가 알랴, 주간지에 나오는 주인공들이 될 수도 있지 않았을까.

좋은 인연은 피하여 간다는 옛말도 있지만 옛날에 남자들 그 군대라는 것 때문에 애인들을 놓치고 여자들 역시 애인의 입대 때문에 본의 아니게 배신자들이 되어 버렸다. 그때는 여자가 24, 25세만 넘으면 그 값어치가 떨어져 버린다고들 생각하였기 때문에 가족의 등쌀에 자신의 나이에 대한 불안감 때문에, 애인을 배신하게 된 것이다. 그렇게 배신자가 되어 미국으로 시집을 오게 된 여자들도 많이 있을 것 같다. 반대로 배신을 당한 쪽에서는 미국 가서 얼마나 잘 사나 두고 보자며 쓴 잔만을 들이킨 남자도 적지 않았을 것이다.

배신을 하고, 또 배신을 당하고, 현재의 가정을 이끌어 가느라 무슨 정신에 옛날 애인 생각을 할 수 있겠는가? 그러나 집도 하나 장만하고 아이들도 어느 정도 자라고 거기다 부부 사이가 시큰둥해지다 보면 어느 날 문득 옛날 애인이 떠오르기도 하고 또 궁금해지기도 하는 "어떻게 그럴 수가 있어." 이렇게 단정 지울 수만은 없지 않은가.

궁금함, 알고 싶은 것 이것이 무슨 감정의 시초인지…… 그리고 어느 순간 우연히 옛날 애인과 마주칠 수는 없을까? 그러나 여자라면 머리끝에서 발끝까지 완전히 정리 정돈이 되어 있을 때 말이다.

한 친구는 이런 일이 있었다고 한다. 그날은 유난히 피곤하고 가게에서 종일 불쾌한 일만 생겨 심란한 기분으로 서브웨이를 타고 집으로 오는데 하필이면 청바지 차림에 허름한 스웨터 차림의 복장을 한 그 날, 그 옛날 열불 나게 연애를 하였던 그 사람을 같은 서브웨이 안에서 마주쳤다고 한다. 그 순간 그 사람에 놀란 것이 아니라 자신의 옷차림과 얼굴이 너무 창피하여 아무 정거장에서 내렸는데 그 이후로 한 번도 청바지를 안 입었다고 하는 데…… 얼마나 여자란 요물 덩어리인가.

비록 본인이 먼저 배신을 한 사람일지라도 아직도 그 사람이 자기를 잊지 않고 있기를 바라고 또 아름답게 보이고 싶어 하니 말이다. 그 친구는 한국 마켓을 가거나, 교회를 가거나, 혹시나 한 번쯤 만나게 될 것 같은 착각에 젖어 있다고 하며 과히 나쁜 기분은 아니야 라고 한다.

그렇다면 그때 서브웨이에서 그 남자는 옛날 애인을 보는 순간 과연 옛날 여자에게 어떻게 보이고 싶은 것이었을까? "아 나는 이만큼 성공했지. 그 옛날 네가 나를 버렸지만 나는 이렇게 성공했지." 뭐 그런 것일까? 그렇다면 보기 싫어진 여자, 돈을 벌지 못한 남자들은 옛날 애인에 대한 추억도 없어졌을까?

나의 남편은 얼마 전에 한국에 나가 우연히 첫사랑 애인을 만났다고 한다. 그 말을 들었을 때 나는 보통 여자들처럼 화가 난다든가, 질투가 난다든가 전혀 그런 불쾌한 기분이 아니었다. 다만 내가 씁쓸한 것은 남편이 옛날 애인을 보았는데 정말 실망을 하였다고 한다. 그 이유는 첫사랑 여인이 너무 늙어 버렸다나. 진실한 사랑은 늙었다고 식어 버리는 건지……. 나는 차라리 남편이 그 여인을 보는 순간 가슴이 설레고 흥분이 되고 꿈결 같은 기분이었다고 말해 주는 것이 좋았을 것 같다.

그것은 이 삭막한 생활에서 누군가를 보면 기분이 좋고 황홀하다는 것은 결코 나쁜 것이 아니지 않을까? 그렇다고 갑자기 옛날 애인 때문에 나와 아이들을 버리고 두 사람이 살겠다고 용기를 내지 않을 것은 뻔한 사실인데 말이다.

무엇이 생활을 지치게 만드는가?
그것은 아름답고 황홀한 사랑의 결핍 때문이다.

옛날 애인이란 잠재하고 있는 남성다움, 여성다움을 들추어 내주고 생활에 활력을 줄 수도 있는 존재인 것만은 사실인 것 같다. 그러나 실제로 옛날 애인을 만난다는 것은 결코 쉬운 일은 아니다. 한 친구는 환갑이나 되어 한 번 만나기로 하였다며 깔깔거리던 생각이 난다.

지금 함께 살아가고 있는 동반자들을 서로 이루지 못한 옛날 애인으로 생각하며 장미꽃 몇 송이를 주고받으시기를!!

좋은 이웃이라면

김양선

15년 전, 남편을 따라 함께 가톨릭교회의 부제 양성 교육에 필요한 공부를 하게 되었다. 공부하는 가운데 만난 학우들은 세상에서 다양한 직업을 가지고 있었으며 특별히 가족 가운데 자식들로 인해 여러모로 어려움을 겪으면서도 꿋꿋하게 하느님께 나아가는 데에 희망을 두고 있는 모습을 보게 되었다.

그중에 성공한 사업가인 짐과 셀리 부부는 부모가 다른 태어나서 얼마 되지 않은 신생아를 차례대로 다섯 명을 입양하였다. 따뜻한 사랑과 헌신의 마음으로 좋은 환경에서 키웠건만 아이들이 사춘기가 되면서 임신, 마약, 학교 포기 등, 하나같이 이들을 힘들게 하였다. 그럼에도 이 부부는 포기하지 않고 여러 방면으로 최선을 다하고 있었는데 깊은 신앙인의 愛德(애덕)을 실천하는 모습은 모든 이들에게 감명을 주었다.

교육 기간 동안 강의 듣고, 실습하고(병원, 교정소 방문 등), 피정, 기도에 많은 시간이 지난 가운데 어느 교수님께서 하신 말씀 중 "Life for others"란 짧은 문장이 마음에 와 닿았고 기억에 깊이 남았다. 우리가 매일 순간순간을 살면서 우리만을 위한 삶이 아니라 사소한 것이라도 남을 위해 언어와 행동을 해야 한다는 것을 느끼고 생각하게 되었다.

나는 어릴 적에 성당 앞 골목 동네에 살았었다. 주일이 되면 늘 우리 집 앞을 지나가는 노숙자가 있었다. 그 당시 그분의 나이는 30대였지만 나이보다 훨씬 더 늙어 보였다. 왜냐하면, 허름한 옷차림에 뇌성마비로 인해 머리와 눈, 입은 본인의 의지와 상관없이 심하게 계속 흔들렸고, 하반신 마비로 인해 남자아이들이 겨울에 나무로 만들어 탔던 썰매에 앉아 구걸도 하고 성당에 오기도 하였다. 주일 아침 미사가 끝나면 그분은 성당에서 내려오는 길목에 있는 우리 집 앞을 지나갔다.그 시간쯤이면 어머니께서는 조그만 밥상에 밥과 반찬을 준비하셔서 그분께 식사를 차려드렸다. 그때 머리를 흔들면서 웃던 그분과 어머니 모습이 지금도 종종 생각나곤 한다.

몇 해 전 한국에 사는 언니가 나를 방문하였을 때 많은 옛날이야기를 나누다가 뇌성마비 그분의 이야기가 나왔다. 언니 말이 그분은 지금 음성 꽃동네에서 생활하고 계시며 아마도 나이가 80 후반에서 90세 가량은 되셨을 거라고 했다. 나는 우리 아이들에게 외할머니께서 노숙자에게 베푸셨던 지난 이야기를 들려주곤 했다.

지금 우리 부부는 라구나우즈 빌리지에 이사와 살면서 여러분들을 만나고 알게 되었다. 많은 분들이 각자 나름대로 노후를 여유롭게 즐기면서, 작든 크든 봉사를 하며 아름답고 보람되게 살아가는 삶의 모습을 본다. 즉 'Life for others'를 자연스레 실천하며 함께 어우러져 사는 승화된 조화의 아름다움이 아닌가 싶다. 우리가 이사 와서 우연히 알게 된 어떤 분은 내게 합창반을 소개하고 나오도록 권유까지 해주셨다.

합창반에 즐겁게 나가던 중, 합창이 끝난 후 우연히 한 모퉁이에서 오토하프를 연습하는 분들을 보게 된 나는 호기심이 생겨 그들의 연습을 구경하면서 그중에 계신 잘 모르는 분에게 이것저것 물어보았다. 그 분은 내게 오토하프를 해볼 의향이 있으면 해보라고 하셨고 그 말에 용기가 생겨 시작한 것이 어언 9년이란 세월이 지났다. 하프 선생님과 단원들의 화기애애한 분위기는 어디를 내놓아도 모범이 되고 자랑스러운 클럽이어서 내가 그 중에 한 사람이 된 것을 정말 감사하게 생각한다.

특히 선생님이신 사모님은 단원들을 따뜻하게 품어주시고 너그러우셔서 연습시간이면 우리는 모두 즐겁게 웃으며 한 가족 같은 화목한 분위기를 즐긴다. 사모님이야말로 'Life for others'를 온전히 삶으로 실천하시는 분이라고 할 수 있다. 음악에 전혀 문외한이었던 나를 하프 팀으로 이끌어 준 '잘 모르던 분'은 지금 좋은 친구가 되어 함께 하프를 친다. 조용하면서도 적극적으로 한인회에서 봉사하는 친구는 우리 남편을 동창회에 나오도록 권유하였으며 지금은 함께 오토하프 연습을 하면서 편승하여 다니고 있다.

라인 댄스 선생님은 열정적으로 가르치며 항상 나를 볼 때마다 운동하라고 적극 권해 주었기에 결국 라인댄스에 참가하게 되었고, 지금은 라인댄스가 취미생활의 중요한 일부분이 되어 버렸다.

예쁜 눈을 가진 한 친구는 매사에 감사한다는 이야기를 내게 들려준다. 그럴 때마다 나도 저절로 모든 것에 감사하는 마음을 가지게 되어 그녀를 '행복 바이러스'라고 말하고 싶다. 집 앞을 산책하며 지나는 할아버지 한 분은 흰 봉투를 들고 다니면서 땅에 떨어진 쓰레기를 일일이 주워 담으신다. 보이지 않는 모든 사람에게 행복을 나누어 주고 계시는 것이다. 라구나우즈 빌리지에는 이외에도 모범이 되는 많은 분들이 계셔서 정말 행복하다.

행복을 나누는 내 이웃 Barbara

김음영

"하이, 영~~! 내가 여기 얼음 가져왔어."

그녀의 목소리는 내 목소리만큼이나 크고 거기에다 덧붙여 늘 한 옥타브 올라간, 즐거워 못 견디겠다는 느낌이 충분히 전달되어 내게 행복바이러스가 팍팍 퍼지게 한다. 어떤 이들은 좀 찢어지는 듯한 음색이 피곤하게 한다는 말을 하기도 하지만 나는 그런 그녀가 그냥 좋다.

포근하고 부드러운 4월의 아침 햇살과 봄바람에 연둣빛 잎새들이 춤을 추듯, 그녀의 하늘거리는 걸음새는 두 손에 받쳐 든 얼음 담긴 플라스틱 그릇과 함께 박자에 맞추어 흔들거리며 우리 집을 향해 나풀거리며 오고 있었다. 나는 마침 싱크대 앞에 서 있었기에 패티오로 향해 열린 부엌 창을 통해 들어온 그녀를 한눈에 볼 수 있었다.

반가움과 놀라움에 나 역시 그녀 못지않게 신나게 화답을 날렸다.

"하이 바바라, 네가 가지고 오지 않아도 내가 조금 있다가 가지러 가려 했는데 내가 늦었구나."

현관문을 열고 나가 그녀를 얼싸안았다.

"나야 뭐 시간 많은 사람인데 괜찮아. 유진 (나의 남편)이 필요한 얼음을 충당해 주는데 신나잖아."

바바라의 침실은 우리 침실과 벽 사이를 두고 있는 내 이웃이다. 우리 집은 두 개의 침실이 있는 950평방 피트짜리의 집이며 여덟 가구가 붙어 있는 단층구조 건물이다. 내가 은퇴한 후 우리가 이곳에 입주해 온 지 벌써 3년이다. 바바라는 10년도 넘게 이 집에 살고 있다. 처음 만날 때부터 우리는 코드가 잘 맞았다. 그녀 역시 은퇴 간호사였기에 우리는 남 돕는데 발 벗고 나서는 면에서 성격이 많이 닮았다.

그녀는 이 동네 통장 같은 역할을 매끄럽게 잘 해 나가고 있다. 새로 이사 온 이들에게 요모조모 일상에 필요한 부분들을 알려주고 이웃에게도 서로 인사시키는 일도 담당한다. 동네 사람들의 안부를 잘 챙기고, 아픈 이들의 병문안도 잘하는 등 모든 이들에게 친절하다. 가톨릭 신자인 그녀는 늘 축복의 인사와 응원으로 사람들을 위로하며 용기를 준다.

내게 가끔 이메일로 자기 근황도 알린다. 특히 방문객이 와서 묵을 경우 '조심은 할 테지만 너무 시끄러우면 이야기해 달라'고 하기도 하고, '자기가 남자 친구네 가서 묵을 테니 그런 줄 알라'는 등 못다 한 소소한 이야기를 이메일로 날려주는 센스 있는 귀염둥이 75세 친구다.

그녀가 우리 집으로 얼음을 가지고 온 이유는 4월 1일에 나의 남편이 왼쪽 무릎 대치 수술을 받고 삼일 째 되던 날 집에 온 후, 깨어있는 동안 수술부위에 얼음 치료를 자주 해야 하기 때문이었다. 그러나 얼음 기계의 적당한 선까지 얼음을 채우기엔 우리 집 냉동실의 얼음 생산기로는 역부족이었다. 얼른 떠오른 것이 옆집 바바라네 집에 가서 물어보아야겠다는 생각이 들었다. 전날 그녀를 방문하여 얼음이 필요하다고 했더니 그녀는 자기네 집 냉동실에 있는 얼음 통을 통째로 들고나와 내게 건네주었다. 그리고는 우리 함께 얼음을 모아 충당하자고 했다. 남자친구 마이클한테도 부탁하겠노라고 했다. 자신의 일처럼 도와주려 애쓰는 그녀가 아름답기만 했다. 그 후 그녀는 일주일 동안 남편의 얼음 치료가 끝날 때까지 하루 두 세 번씩 얼음을 직접 배달하여 보태주었다.

그녀는 늘 내게 "영~~ 내가 필요하면 언제나 연락해. 내가 도울 수 있는 것 없니?"

정말 빈말이 아니었다. 내가 얼음이 필요하다고 했더니 그녀는 기다렸다는 듯이 신나 했다. 자기가 내게 도움이 될 수 있다는 것에 즐거운 마음으로 그 일을 성실하게 수행했다.

대체로 우리는 소소한 일을 돕는 데는 대수롭지 않게 생각하는 경향이 있다. 그리고 말로만 공수표 날리는 경우도 종종 있다. 얼음을 충당해 주는 일을 이토록 성실하게 기쁜 마음으로 해낸 바바라는 단연 봉사자의 표본이다. 사람들을 통하여 나를 성찰하고 재 결단하는 삶을 살아가도록 노력하는 내게 진한 감동을 남긴 그녀가 바로 나와 벽 사이를 두고 숨을 쉰다는 사실은 큰 축복이다.

이웃 사랑 실천은 곧 나와 이웃의 행복이니
이는 이웃의 필요를 늘 살피고 성심껏 도와주는 데 있느니라.

비에 젖은 우산

김일홍

내가 그녀와 첫 만남은 무교동 골목 끝자락에 자리 잡은 자그마한 카페 <남과 여>라는 곳이었다. 우리 세대가 살았던 그 당시 무교동은 낙지 골목이었다. 막걸리 친구들이 몰려들어 북적거렸던 곳, 그런데 어쩌다 어울리지 않게 골목 끝자락에 <남과 여>라는 음악이 있는 카페가 있었다.

대학 후배의 소개로 그녀를 처음 만나게 되었고 친절하게도 분위기가 좋다며 만나는 장소까지 정해 주었다. 카페 안은 어두웠다. 천장에 박혀 있는 수명을 다한 전구의 불빛이 졸고 있었다. 천장 한가운데는 삐거덕 거리며 네온이 빙빙 돌고 있었다. 삼류 카바레의 불빛 같았다. 좁은 공간에 테이블 몇 개와 소파가 엉성하게 배열되어 있었다. 그런데 음악 하나는 끝내주었다. 이 때문에 음악을 좋아하는 손님들이 많이 찾는 곳이라 했다.

그날은 비가 내렸다. 늦은 봄비, 살랑거리는 바람에 뿌리는 빗발이 얼굴에 촉촉이 흘러내렸다. 카페 문을 열고 들어서는 순간 맛 나는 음식 냄새가 코를 찌르듯 "시인과 농부"의 선율이 가슴으로 스며들어 왔다. 한가한 농촌들에 멍청히 서 있는 듯한 착각을 일으켰다. 두리번거리며 앉을 곳을 찾았다. 마침 빈 테이블이 있어 젖은 우산을 옆에 놓고 자리에 앉았다. 그리고 울렁거리는 가슴을 가라앉혔다. 미지의 여자를 만난다는 것 자체가 흥분되었기 때문이리라.

후배 말로는 그녀가 노처녀이기는 하지만 상큼하니 잘 사귀어 보라고 했다. 그러다 보니 우리 둘은 혼기를 넘긴 노총각, 노처녀였다. 그녀의 얼굴은 어떻게 생겼을까 생각을 하고 있는데 그녀가 들어왔다. 곧바로 내가 앉은 자리로 다가와 스스럼없이 테이블 앞 의자에 앉는다. 그녀도 비에 젖은 우산을 접어 걸상 옆에 놓는다. 나는 미소를 지었다. 그녀도 간단하게 머리 인사를 했다. 그녀는 수줍어하지 않았다.

'시인과 농부'가 끝나자 그녀가 먼저 말을 했다. 비가 오는 날 아버지에게 새로 산 우산을 드렸는데 그만 우산을 술집에 놓고 오셔서 잃어버렸다는 이야기다. 몹시 아까워 아버지를 핀잔했는데 우산이 뭐 그리 대단하다고 그랬는지 후회스럽다고 했다. 아버지가 돌아가시고 보니 별일들이 다 후회스럽다고 아무렇지 않게 말을 한다. 나는 할 말이 없어 듣고만 있었다.

말주변이 없다 보니 가만히 듣고만 있어도 낙제점은 면하리라고 생각을 했다. 그런데 그만 말실수를 범하고 말았다.

요한 슈트라우스의 왈츠가 나올 때였다. 나는 흥이 솟았다. 나도 모르게 어깨가 출렁였다. 그래서 한다는 말이 그녀에게 춤을 출 줄 아느냐고 물었다. 그녀는 머리를 흔들었다. 나는 춤을 좀 춘다고 자랑을 했다. 그 나이 되도록 춤을 못 춘다니 말이나 되느냐는 듯 지껄였다. 나는 대학 친구 중에 춤꾼이 있어 그 친구한테 춤을 배웠다고 했다. 그런데 초면에 헛소리도 이만저만한 헛소리가 아니었다. 처음 만나는 여자 앞에서 엉뚱하게 춤 이야기는 왜 했는지, 그녀의 눈빛이 사각으로 빛나는 것을 보고 나는 아차 했다. 그러자 카페 안은 '베토벤의 운명'이 울리기 시작했다. 그 선율은 나의 가슴을 두들겼다.

"재미 좋았겠네요."

그녀는 빈정거리듯 말했다. 그녀의 말뜻을 이해하는데 상당한 시간이 걸렸다. 그리고 씁쓸한 웃음을 삼켜야 했다. 우산을 잃어버린 아버지와 나의 춤 이야기는 어처구니없게도 맥이 통하지 않았다. 어색했다. 그러나 아름다운 음악이 있고 그녀의 독특한 체취가 나의 미각을 싱그럽게 해 주었다.

그녀는 검은 테 안경을 쓰고 있었는데 눈이 커 보였다. 눈가에는 물기가 촉촉이 젖어 있었다. 안경 속 눈썹에 맺힌 물방울이 유난이 아롱거렸다. 우리는 아무 말도 하지 않았다.

맥주 500cc들이 두 잔을 주문했다. 컵 속에 담긴 맥주는 퇴색한 조명 아래 여러 갈래의 보석 색깔로 변하고 있었다. 맥주 컵에 수북이 쌓인 맥포가 불빛에 명멸하고 있었다. 맥포가 꺼져가면서 보리 빛 색깔이 부상하고 있다. 우리는 컵을 들어 입맞춤을 했다. 짜릿한 맛의 알코올이 입가에 맴돌았다. 맥주 맛이 좋았다.

"음악을 안주로 하니 술맛이 좋네요. "

그녀가 술꾼처럼 한마디 한다.

"술은 분위기에 따라 다르지요. 오늘처럼 비가 내리는 날에는 시인처럼 술을 마시는 것이지요."

나는 말실수를 만회하려는 듯 의미심장한 말을 했다.

"시인은 술 마시는 게 별다른가요?"

그녀의 눈웃음에 나는 또 아차 했다.

"시인은 시적으로 술을 마시지요."

나는 능청을 떨었다.

"시적이 뭔데요? "

그녀는 농으로 말했다. 시적이 무엇인가 신통한 답이 나오질 않는다.

"그게 말하자면 현실을 떠나 미래를 꿈꾸는 것이지요."

그녀는 이해할 수 없다는 듯 나를 응시하며 웃는다. 그 웃음이 순진하게 보였다. 그녀는 나를 좀 어리어리하게 보았으리라. 밖에는 비가 세차게 뿌렸다. 손님이 들어오는지 문을 여닫는 순간 빗소리와 음악 소리가 뒤범벅이 되어 들려왔다.

오늘 만남에서 본론으로 슬슬 들어갔다. 먼저 그녀가 말을 했다.

"무얼 하세요?"

직업이 무엇이냐고 묻는 것 같은데 성큼 말하기가 곤란했다. 나는 내 본래의 직장을 숨기고 살아왔다. 직장의 이름도 여러 가지였다. 필요에 따라 바뀌었다. 신문사 기자도 되었다가 재벌회사 과장 정도로 변했다. 그녀를 소개한 나의 후배도 내 직장을 모르고 있었다. 그 후배는 나를 신문기자로 알고 있었다. 그리고 보니 분위기에 따라 직장 이름이 달랐다. 그런데 오늘은 본업을 말해야 하는가 고민스러웠다. 그녀에게 먼저 직장을 물었다.

"직장은 어디시죠?"

이미 알고는 있었지만 다시 물었다. 그녀는 아무렇지도 않게 대답했다.

"농촌 진흥청인데요."

"수원에 있는?"

"그래요, 얼마 있다가 아프리카로 떠나기로 했어요. UNICEF 요원으로."

"그럼 얼마나 있다가 오시는지?"

"모르지요, 늙어서 올지."

"결혼은 안 하구요?"

"결혼할 사람이 있어야지요."

우리는 결혼을 탐색하러 여기 왔는데 나는 할 말을 잃었다. 침묵이 흘렀다. 이제 내 차례다. 어떻게 말을 할까. 솔직히 고백을 할까.

나는 "저어 저어." 했다.

"왜 무슨 죄를 지었나요?"

그녀는 눈을 치뜨고 나를 응시한다.

"제 직장은 무서운 텝니다."

"직장이 무서운 데 있고 안 무서운 데도 있나요?"

"네, 무서운 데 있습니다."

그녀는 한심하다는 듯 딴전을 피우더니

"남산?" 한다.

나는 깜짝 놀랐다.

"어떻게 알았습니까? "

"뭘 어떻게 알아요?"

그녀는 딴청을 피웠다.

빈 잔의 맥주 컵을 바라보다가 다시 500cc 두 잔을 시켰다. 그녀는 지금까지의 대화를 망각했는지 엉뚱한 말을 했다.

"인연은 전생의 만남의 연장일까요?"

"글쎄요."

나는 시무룩했다. 그러면 우리는 전생에 인연이 있었나?

해맑은 미소를 머금고 나를 응시하는 그녀의 모습이 아름답게 보였다. 네온이 빙글빙글 그녀의 얼굴을 지웠다 살렸다 하면서 돌아간다.

그때 나직한 소리 '드보르자크 신세계 교향곡 2악장'이 저 멀리서 들려오는 듯했다.

꿈속의 고향, 고향의 냇가에서 발가벗은 개구쟁이들이 물장구치는 모습이 떠오른다.

시간이 얼마나 흘렀나, 우리는 카페에서 나와 빗속을 걸었다. 비는 계속 내리고 있었다.

그녀가 버스 정류장에 섰다. 불광동 버스가 왔다. 그녀는 날름 버스에 타고 우산을 흔들었다. 아무런 약속 없이 버스는 빗속으로 사라졌다.

멀리서 'Going Home'의 음률이 흘러가고 있었다.

친구야, 친구야!

〈고등학교 동기들, 팔순 잔치에 다녀와서〉

이덕희

3년 만에 고국 방문은 무척이나 가슴 설레는 일이었다.

그동안 소식이 뜸했던 친구들도 만나고 오랜 세월 뵙지 못한 몇 분 남지 않은 은사님들을 만난다는 생각에 마음이 한껏 부풀었다. 비행장에 마중 나온 여동생 부부의 차를 타고 담소를 하며 공항을 빠져나와 서울로 달렸다. 길가 가로수엔 아직도 남아 있는 벚꽃 잎들이 팔랑이고 있어 봄의 훈기를 느낄 수가 있었다.

"아! 이제야 고향에 왔구나."

그날 밤 잠을 설치고 아침 일찍 일어나 과천에 있는 어린이 대공원으로 갔다. 꽃샘바람에 살랑거리는 진달래, 개나리, 벚꽃, 하얀 싸리꽃을 보기 위해서였다. 꽃들은 연초록과 진한 초록으로 물들어져 있고 파란 하늘과 어울려 한 폭의 수채화 같았다. 그야말로 "봄의 교향악"이 울려 퍼지는 아름다운 대자연의 합창이 아니던가!

며칠 후 드디어 기다리던 동창회의 날이 왔다. 어린 시절 소풍 가는 전날처럼 설레는 마음으로 흥분되었다. 일찍 일어나 머리도 감고 나름대로 얼굴을 곱게 단장했다. 그리고 내 얼굴을 거울에 비춰보았다. 60여 년 전 상큼했던 내가 아닌, 얼굴엔 연륜을 말해주듯 나이테가 자리잡고 있다. 그 나이테가 내가 살아온 이야기이다.

아침 출근 시간을 피해 10시쯤에 집을 나섰다. 차보다 전철이 더 편하다는 말에 전철을 탔다. 약속 시간에는 택시보다 전철이 매우 유리하다. 이제 서울은 구름다리를 놓아 차들이 비행하듯 이중 삼중으로 이동하지 않는 한 너무나 복잡한 추세임을 이번에 눈으로 확인할 수 있었다. 편리하고, 깨끗하고, 그렇게 붐비지 않아 참 좋았다. 어느 나라에 비길 수 없이 정리가 잘 되어 있으며, 계단으로 수백 명이 줄을 서서 오르내리는 모습은 참으로 싱그러웠다. 항상 노인들만 보고 살아온 우리 동네와는 사뭇 달랐다.

서울에서 가장 복잡한 소공동 롯데 호텔에 들어서니 입구에 "경북여고 27회 동기 팔순 잔치"라 써 놓은 대형현판을 보니 웃음이 절로 나왔다. 엊그제 같았는데 단발머리를 하고 올망졸망 교정을 뛰놀던 꼬마 아가씨들이 늙은 할머니가 되어 만나다니! Ball Room에 들어서는 순간 이미 와서 기다리던 친구들이

"야아! 반갑다! 니 덕희 아이가?"

감격의 포옹을 한다. 저편에서도 친구들이 몰려와

"친구야, 친구야! 니 미국 멀리서 왔구나, 너무 오랜만이다. 야아! 니 우리 반 1학년 松班 반장했던 조덕희 맞제? 니는 늙지도 안하고 아직 가시나 같노?" 하며 부둥켜안는다.

옛날 단발머리 여학교시절 한 반이었다는 친구들이 이리도 정겨울 수가 있는가. 타임머신을 타고 60년을 넘는 세월로 거슬러 올라가 그때의 우정을 다시 한 번 확인했다. 눈앞에 있는 친구들의 머리엔 하얀 서리로

뒤덮여 있고, 어떤 친구는 지팡이에 의지해 걸어 나에게로 다가왔다.
" 아! 속절없이 흘러간 세월 앞엔 아무도 장사가 없구나!"

영남의 명문(名門)으로 꼽히는 경북여고는 眞. 善. 美의 전당으로 수많은 여걸과 현모양처들을 배출했다. 조국 근대화를 이끌어 온 많은 남정네들의 아낙으로 보필하며 열심히 살아온 증인들이다.

동창회가 시작되었다. 110명이 모였다. 나의 Piano 반주에 맞춰 교가를 합창하고 백세건강을 기원하는 박수를 치는 동안 이미 우리 곁을 떠난 정다운 친구들의 얼굴이 주마등처럼 떠오른다.

"아! 세월은 너무 빨라 순서도 없이 이제 다 놓고 떠나야 하는가!"

돈이 많고 작고가 아니고, 명예가 높고 낮음이 아니라 건강이 얼마나 유지해 주느냐가 중요하다. 옛날 할머니들이 들려준 말들이 생각난다.

"여자는 남편을 잘 만나야 하는 기라. 부모 복은 개복이라니까."

정말 그럴까? 그러나 그중에는 예외도 있지 않은가. 오래전 많은 친구들의 부러움의 대상이었던 친구 A양은 그 자신도 특등 생으로 공부도 잘했고, 예쁘고, 가정도 좋았고, 게다가 훌륭한 남편 만나 국내 굴지의 기업대표 사모님으로 우리 동기 중에서는 모든 것을 갖춘 최고의 화려한 존재였다. 그런데 이번에 만나보니 얼굴엔 근심의 주름살이 꽉 찼고 머리는 하얀 서리가 내려있다. 그렇게 곱던 목소리까지 변해 이루 말할 수 없는 고통 속에 잠겨 있는 듯했다. 사업관계로 부자간에 소송이 걸려 있으며 사업을 물려받은 딸은 가정 파탄으로 집안이 풍비박산이 되었다고 한다.

짧은 세월 사악한 시대의 비극을 눈앞에 보는 듯 참으로 마음이 아팠다. 여자의 일생이 이토록 변화무쌍하며 주어진 관계에 의해 끝이 정해지는가! 라는 생각을 하며 맛있는 오찬을 Full Course로 끝내고 10여 년 전 동창회 때 찍은 동영상을 보면서 웃고, 박수치고, 깔깔대니 잔치 분위기는 익어갔다. 늙은이가 아니라 단발머리의 60여 년 전 우리로 다시 돌아간 것이다. 여기저기 Table에서 행복의 웃음보가 터져 나왔고, 마침내는 모두 일어나 줄을 서서 어깨동무를 하고 '친구여'와 '응원가'를 부르며 언제 또다시 만날까 기약 없는 재회를 다짐하면서 눈물을 지었다.

"먼 산 아지랑이 품 안에 잠자고 산 곡간에 흐르는 물 또 다시 흐르네.

古木에도 잎이 피고 벌 나비도 벗을 찾는데 가신님은 봄이 온 줄 모르시나요!"

노래 소리를 뒤로하며 우리들은 서로서로 진한 포옹을 했다.

언제 또다시 볼 수 있을까?

동창(同窓)이란 같은 창문 아래에서 공부를 했다는 뜻이다. 옛날 그 때 우리들 소녀의 가슴엔 저마다 큰 꿈을 꾸며 살아왔건만 60년이 훨씬 지난 지금 우리들은 각자의 삶의 보따리를 내려놓고 이 세상을 떠나야 할 채비를 해야 한다니 참으로 옛날이 다시 그리워지며 사랑하는 친구들과 아쉬운 이별을 해야 했다.

내 마음의 고향인 친구 숙희는 국민학교 때의 동창이고 70년을 살아오면서 가장 가까운 친구이다. 우리는 한결같이 소식을 전하며 살아온 터라 전에도 그랬듯이 동창회가 끝나면 강원도 봉평에 있는 숙희네 집 별장에서 친구들과 며칠을 보내기로 계획을 세웠다.

갑자기 남편이 담석증으로 응급실에 입원 세 번의 수술을 받고 패혈증까지 겹쳐 80대 중반의 나이에 정말 위험한 고비를 넘겼다가 무사히 퇴원하는 일이 있었다. 아들 부부에게 간호를 맡기고 숙희는 이별의 아쉬움에 하룻밤이라도 같이 지내자고 우기며 우리 일행 5명을 데리고 봉평 별장으로 갔다. 가는 길에 이효석의 작품 '메밀꽃 필 무렵' 고장인 메밀밭도 보고 '허브 마을'에 들려 온갖 꽃들의 향연을 맘껏 즐기고 그 향에 취했다.

저녁에는 투박한 사발 잔으로 막걸리를 가득 담고 "찡"하게 울리며 우리들의 건강을 위해 자축과 우정을 다짐했다.

"진정 살아 있음은 무한한 축복이라고!"

얼굴이 불그스레해진 친구들이 나에게 또 한 번 찬사를 퍼붓는다.

"친구야! 친구야! 너는 참 귀한 존재 데이!! 그 나이에 해외에서도 우리 경북여고를 최고로 빛내주는 동창으로 표창을 받아야겠다. 야아! 너무나 장한 일을 해냈구나. 우리는 생각도 못한 탈북민 성원금을 모으려고 큰 음악회를 지휘하고 또 그들에게 성금을 모금해 보냈다니 너무 자랑스럽구나!"

숙희는 내가 탈북민을 위한 음악회 때 미국에 있는 아들을 시켜 후원금을 보냈다. 그래서 내가 DVD Tape를 보냈고 그 사실을 친구들에게 이야기한 것 같다.

"야아! 덕희, 니가 여기 있으면 우리 모두 노래 부르고 즐겁게 살 텐데. 너무 아쉽다. 제발 너는 병들지 말고 오~래 건강하게 살면서 좋은 일 많이 해라."

나는 어딜 가나 노래의 삶에 전령사일까 !

다음 날 미국행 비행기를 타러 인천공항으로 가는 중에 숙희로부터 전화가 왔다.

"덕희야! 우리 기사에게 무말랭이 한 옹큼 만들어 보낸다. 어제 네가 너무 맛있게 먹는 것 보고. 내 생각하며 먹으레이, 사랑한다, 덕희야!"

눈물이 핑 돈다

이곳에 와서 무말랭이를 하나씩 씹을 때마다 숙희의 끈끈한 정과 손맛을 느낀다.

"아! 나는 사랑받고 사는 참으로 행복하고 복된 사람이로구나."

"숙희야, 사랑한다. 언제 또 만날꼬……"

시가 내게로 오던 날

이명하

음랭한 겨울 날씨다. 창밖을 내다보니 하늘은 온통 잿빛이다. 쌀쌀한 바람이 거센 파도와 함께 언덕을 휘돌며 몰려든다. 앙상한 나뭇가지 위에 목을 움츠리고 앉아있는 새들이 몹시 가련해 보인다. 찬바람에 시달리듯, 이 구석 저 구석으로 쓸쓸히 굴러다니는 낙엽들의 슬픈 울음소리가 내 귀를 적신다.

외로이 창가에 서서 멀리 태평양을 바라보는, 약도 없는 그리움이라는 병에 시달리고 있는 고독한 나의 그림자. Puccini 작곡인 오페라 Madam Butterfly의 주인공이 떠오른다. 아름다운 아리아 "어떤 개인 날"을 조용히 불러본다. 문뜩 전화벨이 울리는 듯, 출근 후 들려오던 남편의 다정한 목소리……

"오늘 날씨가 쌀쌀해. 꼭 외출할 일이 생기면 든든히 입고 목을 잘 싸매고 나가."

항상 몸이 약하여 세심하게 보살펴 주던 사랑하는 남편의 따스함이 오늘따라 유난히 가슴 저리게 다가오는 그리움. 한 편의 시가 되어 내게로 왔다.

바람이 가져온 편지

이 명 하

바람이
언덕 위 휘돌며 올라온다
덜컹 덜컹
두드리는 무거운 소리
현관문 열자
싸늘한 바람
낙엽 한 장 배달하고 떠나간다
외출 시 목을 잘 싸맬 것
식사 잘하고
운동 열심히 할 것
제시간에 약 챙겨 들 것

그리고
가슴속에 새겨둔 이 말 한마디
사랑해……

먼저 간 친구를 그리며

이시효

이른 새벽녘에 전화벨이 울렸다. 한국에서 온 것이었다.

"아저씨, 아버지가 조금 전에……." 말을 잇지 못하고 울먹이기 시작했다. 친구의 딸이었다.

"그래, 가셨구나 …… 전화 주어 고맙다." 곧 다시 통화 하마고 약속하고 전화를 끊었다. 며칠 전에 있었던 짧은 통화에서 그 친구의 심한 호흡곤란을 느꼈고, 말기 폐암에서 어려운 종말을 맞고 있음을 알고 있었기에 나는 상황을 짐작했었다. 새벽잠에서 막 깨어난 터라 아직 정신이 혼미했다.

잠자리에서 빠져나와 거실 창가로 갔다. 짙은 새벽안개로 바깥쪽은 아직 그 모습을 드러내지 않고 있었고, 회색배경인 창 너머엔 그 친구의 핏기 없는 얼굴이 어렸다. "인젠, 너희들 다 가고 나 혼자 남았구나……" 중얼대는 나의 윗입술은 눈물로 적셔가고 있었다.

나에겐 세 사람의 각별한 친구가 있었다. 대학 시절에 만나 그렇게 붙어 다녔던 친구들이었다. 우리들 네 사람 사이에 물을 부어도 새지 않을 거라고 주위에서 질시하며 빈정대기도 했다. 우리들 사이엔 네 것,

내 것이 없었다. 정말 희로애락을 같이했다. 우리들은 서로가 이름 대신 별호를 만들어 불렀다.

한 친구의 별호는 '훈장'이었다. 그 친구는 소도시에서 자랐고 넉넉지 못한 집안 사정 때문에 고등학교 시절부터 가정교사로 학업을 유지해 왔다. 그는 어릴 때부터 수재로 알려졌다고 했다. 대학 입학 때 전교 수석이었고 졸업 때도 물론 전교 수석이었다. 대학 과정을 거치는 동안 늘 일등이었고 이등은 항상 그로부터 먼 거리에 있었다. 그러나 그 친구의 놀이 실력은 예외 없이 낙제에 가까웠다. 더욱이 육체적 운동에는 아주 둔치였다. 한마디로 꽁생원이었다. 그래서 우리는 그를 '훈장'이라고 불렀다.

또 하나의 친구 별호는 '면장'이었다. 그는 면 소재지에서 자랐고 시골 부잣집 아들이었다. 그의 아버지가 면장직을 오래 역임했기에 그 별호가 그 친구에게로 갔다. 그는 독실한 가톨릭 교인이었고 우리들 사이에선 화평의 천사 역할을 했고 얼굴에서 웃음을 지워본 적이 없었다. 가끔 우리들 주변에 정돈되지 못한 뒷치레는 항상 그의 몫이었다. '면장'이라 불린 그는, 곁에 있어 주위를 풍성하게 해주는 좋은 친구였다 .

다른 하나의 친구의 별호는 '악한'이었다. 조금은 익살스러운 의미가 곁들인 '악한 사나이'라는 말이었다. 그는 괜찮은 집안에서 태어났으나 성년이 되기 전에 양친을 여의고 그의 외삼촌댁에서 더부살이를 하며 학업을 계속하고 있었다. 그 친구는 잘생긴 외모에 더하여 활달한 성격을 가져 동료들 간에 인기가 대단했다. 그는 운동을 종류대로 선수를 버금가게 해냈고 말은 청산유수여서 가끔 남의 시비에 끼어들어 곤란을 겪기도 했다.

특히 그는 익살스럽게 남을 골려주는 성격을 가졌고 그의 이름이 '선한'인 터라 '선할 선' 대신 '악할 악'으로 고쳐 불러 '악한'이라는 별호가 주어졌다.

나의 별호는 처음엔 '예수쟁이'라 했으나 곧 '예수꾼'으로 바꿔 불렀다. 그때 나는 개신교 교인이었고 일요일 오전 모임에는 거의 참여하지 못하는 것에 대한 불만스러움으로 나를 그렇게 불렀다. 사실은 나도 그 별호가 싫지 않았던 것은, 내가 먼저 좋은 예수꾼이 되어 그들도 언젠가는 예수꾼이 되어 주기를 바랐었기 때문이었다.

졸업 후, 곧 우리들은 병역의무를 필했고 그 후 각기 전공과목을 택하여 그 교육을 위해 다른 방향으로 헤어졌다. 시간이 흘러 우리는 각각 다른 분야의 전문의가 되었다.

'훈장'은 신경외과, '면장'은 피부과, '악한이'는 산부인과 그리고 '예수꾼'인 나는 소아과였다. 우리들은 주어진 터전에서 열심히 일했고 모두 나름대로 성공적인 삶을 꾸려나가고 있었다. 어쩔 수 없이 서로의 사이에 공간은 격해 있었지만 자주 소식을 주고받았고 우리들의 우정과 의리는 모두 결혼하고 가정을 이룬 후에도 계속되었다.

그 뒤 많은 시간이 흐르는 사이에 우리들은 숱한 이야기들을 남겼다.

그러던 한때 우리들 중 한 친구가 예기치 않게 삶을 접어야 했다.

우리 모두의 두뇌가 되었던 "훈장"이 오십을 넘기지 못하고 요절했다. B형 간염으로 인한 간암으로 속절없이 생을 마감해야 했다. 미인단명이라 했던가, 수재 단명이었다.

주위에 숱한 아쉬움을 남기고 그렇게 떠나 버렸다. 떨어져 나간 '훈장'의 부분을 그리움과 추억으로 채워가며 우리들의 만남은 계속했었다.

그러다가 또 다른 사분의 일이 떨어져 나갔다.

화평의 천사였던 '면장'이 오년 전 뇌졸중으로 몇 개월 동안 침상에서

반 식물인간처럼 지나다가 생을 마감했다. 이 세상에 더 오래 있어도 분명 주위에 덕을 끼칠 사람인데 하나님은 왜 데려가셨을까? 남은 가족들을 생각하면 가슴이 아려온다.

그래서 둘은 가고 '악한'이와 '예수꾼'만 남았었다. 그런데 '악한'이도 일차형 당뇨병의 합병증 때문에 건강상태가 날로 악화 되어갔고 거기에다 얼마 전에는 중증 폐암으로 진단을 받고 있는 터였다.

지난 몇 해 동안에 한국을 자주 들렸었다. 여러 가지 목적이 있었으나 가장 큰 이유 그 마지막 남은 친구를 만나 며칠 간 먼저 간 친구들과의 추억을 떠올리며 그리움에 젖어보는 것이었다. 이젠 만나면 하찮은 일에도 맞장구치며 좋아했던 '악한'이도 떠나버렸다. 그래서 모두 다 가버리고 나 혼자만 남아있다. 지난 며칠간 나는 거친 들에 홀로 서 있는 것처럼 고독감에 시달리고 있다. 이 그리움을 언제쯤 털어버릴 수 있을까?

며칠 전에 떠난 '악한'이와 마지막으로 했던 몇 마디의 말이 지금도 생각 속에 맴돈다.

"너 가서 훈장과 면장을 만나면 내가 무척 보고파 하더라고 전하고, 너희들끼리만 좋아하지 말고, 좀 기다렸다가 내가 가면 나와 함께 하자. 나도 머지않아 갈 터이니."

"오냐 오냐, 천천히 오거라. 서둘 것 없어……"

몇 번이나 가쁜 숨을 들이키며 익살스러우려고 애쓰는 모습이 나를 더욱 아프게 했다.

고맙고 다행이었던 것은 그들이 삶을 마감하기 전에 모두 '예수꾼'이 되었다는 것이었다. 두 친구는 가톨릭 교인으로 영세를 받았고 다른 한 친구는 개신교회의 세례교인이 되었다.

오랜 나의 염원이 이루어진 셈이다.
하나님께 감사드린다.

자주 부르던 노래 '친구여'의 노랫말이 떠오른다.
"슬픔도 기쁨도 외로움도 함께했지 부푼 꿈을 안고 내일을 다짐하던 우리 굳센 약속 어디에 꿈은 하늘에서 잠자고 추억은 구름 따라 흐르고 친구여 모습은 어딜 갔나 그리운 친구여 "

2016년 5월

LWV Laguna Woods Village

아름다운 동행

제 3 부
자연에 살고 여행에 살고

LWV Laguna Woods Village

아름다운 동행

숲 속 환상 교향곡

고영주

Laguna Woods의 '라구나'는 영어 Lagoon에 해당하는 '늪'이라는 뜻이다. 늪지대나 호숫가 아름다운 숲이다. 거기에 할배와 할미가 둥지를 틀었다. 할미새가 긴 꼬리를 흔들며 할배를 부른다. 꽃길을 따라 푸른 들을 산책한다. 할미새는 영어로 꼬리를 흔든다는 wagtail이다. 쉴 새 없이 윙크하듯 흔드는 꼬리는 파르르 은빛 물결이 흐른다. 새는 움직이는 꽃일까. 예쁘기로 말하면 다양한 색상으로 기묘하고 화려한 빛깔은 새의 깃털만 한 것이 없다. 조물주는 조류의 깃털을 제일 아름답게 만들었다.

할미는 소녀처럼 궁금증이 늘었다. 나이 들면 어린아이로 돌아간다는 말이 맞다. 이제 100세 시대의 후반전이다. 50세를 반환점으로 카운트 다운하다가 땡 치면 꼴까닥이 아닌가. 그러니까 우리는 다시 젊은 시절로 되돌아간다. 여자 74세는 내리막 26세, 한창 무르익은 처녀의 가슴에 모닥불이 탄다. 여자는 연하의 남자와 운명적인 사랑에 빠지게 된다.

"새는 우는 걸까요? 아니면 노래하는 걸까요?" 그녀가 물었다.

어떤 조류학자는 새는 자기 위치를 알린다거나 짝을 찾고 건강을 위해서 지저귄다고 했지만, 도대체 알 수 없다. 이 대답은 한마디로 엿장수 마음이다.

"노래하겠지요."

"수천 km를 날아가는 철새는 어떻게 방향 감각이 그렇게 정확할까요?"

이번에는 제법 까다로운 질문이다.

"조류 연구가들은 새가 지구의 자기장을 감지하는 능력이 있다고 주장합니다."

그녀의 질문은 계속된다.

"저 작은 새는 어떻게 헬리콥터처럼 날지요?"

꽃 위에서 정지하듯 날고 있는 새를 가리켰다.

"조류 중에서 가장 작은 허밍버드(벌새)는 작은 것은 5cm 남짓밖에 안 되지만 1초에 50~80번 날갯짓을 하고 시속 90km를 날 수 있는 일이 어떻게 가능한지, 사람이 이런 에너지를 낸다면 당장 타버리고 말 것입니다."

"그럼, 가장 큰 새는 어떤 새인가요?"

"조류 중 제일 덩치가 큰 타조는 사자가 최고 시속 60km를 달릴 때 90km를 뛰는 달리기 선수입니다. 그런데 날개를 가지고도 왜 전혀 날 수가 없는지, 어울리지 않게 왜 콩알만 한 작은 뇌를 가졌는지, 새가 물 한 모금 마실 때마다 하늘을 쳐다보는 것은 중력을 이용하여 물을 넘기는 것인데 우주선에 보낸 새들은 중력이 없어 물을 마시지 못해 모두 죽었다고 하지 않습니까? 인간은 새에 대해서 모르는 것이 너무 많습니다."

공작의 화려한 색깔과 수많은 눈동자가 새겨진 부챗살 모양의 날개는 그대로 살아 움직이는 병풍이다.

앵무새 혀는 사람의 혀와 비슷하다. 앵무새 알렉스는 냉장고에서 꺼낸 옥수수를 쪼아 먹으며 '콘'이라고 말하고 '콜드'라고 감정까지 표현했다. 31살에 "You be good, See you tomorrow. I love you."라고 유언까지 시청할 수 있으니 놀라울 정도다.

뉴질랜드에서 출발한 도요새는 1주일 동안 약 1만 km를 쉬지 않고 날아서 우리나라 서해안 늪지에 도착한다. 그곳에서 잠깐 휴식과 먹이를 취한 후에 다시 알래스카로 날아가는 장거리 마라토너다.

그런데 참으로 불쌍한 새가 있다. 일본에서 '아호도리'라고 부르는 바보 새다. 먹이를 제대로 노획하지 못한다. 태풍이 불어야 세상에서 가장 높고 멀리 날 수 있고 날개 길이가 약 2m나 되는 새가 앨버트로스다. 골프에서 파 5홀을 4번에 넣으면 버디, 3번이면 이글, 2번이면 앨버트로스라고 한다. 이렇게 새가 등장하는 것은 비거리와 관계가 있다.

우리는 새에게서 배운다. '부부 금실' 하면 원앙새, 흔히 일본어 잉꼬부부는 사랑 앵무를 말한다. 전통 혼례에서 전안례라는 절차가 있다. 그것은 기러기처럼 정절을 지키고 부부애를 지니고 살라는 뜻이다.

"아, 참, 그런데 기러기는 왜 V자형 글씨를 쓰면서 날아가지요?"

"V자로 날면 앞에 가는 기러기가 뒤따르는 기러기에게 상승 기류를 만들어 평상시의 71% 힘으로 쉽게 나를 수 있다고 합니다."

산란 시기의 암꿩은 사냥꾼 앞에서도 알을 품고 보금자리를 지키며 생사를 같이하는 모성애의 상징으로 알려져 왔다. 그래서 속담에 "꿩 먹고 알 먹는다."는 말이 나왔다.

"그럼 '아침에 까치가 울면 손님이 온다.'는 말이 어떻게 해서 생겼는지 참 궁금해요."

"뒷산 까치는 텃새인데 낯선 사람을 보면 개가 짖듯이 동네에 낯선 손님이 나타나면 본능적으로 "까악 까악" 울기 때문에 그런 속설이 생겼답니다."

까치집은 새의 궁전이다. 4층까지도 짓는다. 구조는 타원형이며 그렇게 공학적으로 견고하게 잘 만든 둥지는 없다고 한다.

예수님이 가시관을 쓰고 피 흘리며 십자가를 지고 갈 때 그 가시를 뽑아내려고 안간힘을 쓰다가 목 주위가 빨갛게 피로 물든 새가 바로 울새(나그네새)이다.

"그런데 왜 제비는 하필 사람이 들락거리는 문지방에 집을 짓나요?"

"제비는 참 영리한 새입니다. 진흙에 침을 발라 집을 짓는데 비가 내리면 흙이 흘러내리기 때문에 나뭇가지에 짓지 않습니다. 시골 초가지붕에는 구렁이가 살지요. 구렁이에게 참새나 제비 알은 최고의 별미랍니다. 그래서 제비 둥지는 안전하게 사람의 시선을 이용하고 있는 셈이지요."

그러니까 일본은 새끼를 생명처럼 품어주는 꿩, 영국은 예수님 사랑 울새(Robin), 호주는 거문고 타는 금조(琴鳥), 오스트리아는 날렵한 제비, 프랑스는 벼슬을 자랑하는 수탉, 중국은 천 년을 사는 학, 한국은 공식적인 것은 아니지만, 선산을 지키는 까치가 국조가 아닌가. 카리스마를 과시하는 흰머리 독수리는 미국, 아름다운 공작은 인도와 미얀마의 국조다.

"저마다 새들은 아름다운데 왜 까마귀를 흉조라고 하나요?"

"아닙니다. 삼족오는 고구려의 국조입니다. 기억을 잘못하는 사람에게 '까마귀 고기 먹었나?'라고 빈정대는 말과는 달리 까마귀는 지능이 높습니다. 까마귀는 부모가 새끼를 60일 동안 먹여 살리고 새끼는 자라서 부모를 60일을 먹여 살려 효도를 한다고 합니다. 그래서 반포지효(反哺之孝)라는 말이 있지 않습니까? 까마귀는 북유럽 신화에서는 지혜의 상징, 수메르인에게는 평화의 상징, 일본에서는 길조로 알려져 있습니다."

효도 새는 까마귀, 불효 새는 올빼미다. 올빼미는 길러준 어미 눈을 빼 먹고 둥지를 떠난다는 말이 있다.

"그런데 까마귀는 왜 그렇게 까맣지요?"

이번에는 말도 안 되는 질문이 저절로 내 입에서 튀어나왔다.

"호호호, 까마귀에게 물어볼까요? 실은 그리스의 신 아폴론이 코로니스라는 여인을 무척 사랑했는데 코로니스가 이스키스라는 남자와 눈이 맞았데요. 그래서 까마귀가 아폴론에게 몰래 알려주었답니다. 아폴론이 그 말을 듣고 홧김에 코로니스를 죽였지만 바로 후회하고 그 사실을 알려준 까마귀가 미워서 원래 눈빛처럼 고운 하얀색 까마귀를 검은색으로 만들어 버렸다는 신화가 있습니다."

"그러니까 고자질한 죗값으로 흰색이 검은색이 되었군요."

그녀는 나의 말을 경청해주었다. 지루해도 재미있게 들어주는 여자! 장단을 잘 쳐 주는 여자! 나를 꼭 감싸주는 보자기 같은 여인이다.

나는 잔소리하는 새소리가 되었고 질문을 던지는 그녀는 새소리 사냥꾼이 되었다.

우리는 아카시아 꽃 내음이 풍기는 모퉁이를 지나서 새소리 요란한 숲 속 오솔길로 접어들고 있었다.

"새소리 참 좋지요?" 여자는 동의를 구하듯 나를 쳐다보았다.

"물론이죠, 특히 뻐꾸기 울음소리요."

"뻐꾸기요?"

"예, 뻐꾸기는 설움을 삼키고 피 울음을 토하는 슬픔 그 자체입니다. 나에게 칸트나 괴테입니다."

"왜 그렇죠?"

"린다 씨처럼 나를 깊은 상념에 빠지게 하니까요."

"어머, 내가 그렇게 슬프게 보여요?"

"아니요, 전연 그렇지 않아요. 깊고 파랗게 보여요."

우리는 어느새 서로 마주 보고 웃었다.

나는 들꽃을 한 묶음 꺾었다. 그리고 조심스럽게 숲 속의 청혼이 시작되었다.

나는 초조했고 그녀는 당황했다. 산새 소리가 유난히 아름다웠다. 숲 속 교향곡이 울려 퍼졌다. 꽃을 받아 쥔 그녀는 수줍은 듯 미소를 지으며 내 손을 꼬옥 잡았다.

우리는 뭉게구름이 두둥실 떠 있는 산봉우리를 향해 숲 속에서 걸어 나왔다.

새들의 즐거운 합창이 금빛 물결처럼 쏟아져 내리는 오후였다.

“딴 따다단^ 딴 따다단^”

꽁지가 하얀 토끼가 뛰어나오고 나무 밑에서 다람쥐가 맴돈다.

Botswana 기행문

김용재

Botswana는 남아프리카에 있는 나라인데 1964년에 영국에서 해방된 민주국가이며 크기는 프랑스만 하다. 인구는 2million이고 지난 40년 사이에 GDP가 $70에서 $19,000으로 급성장하여 Africa에서 가장 잘 사는 나라 중의 하나로 Most shining country in Africa라고 불린다고 한다.

Okavango Delta

거대한 강물이 바다로 흘러가지 못하고 내륙에서 기약 없이 사라지는 현상과 방대한 초원이 호수로 변해가고, 호수가 다시 초원으로 되돌아가는 과정이 반복되는 대자연의 기적이 해마다 남아프리카 지역에서 이루어지고 있다. 야생 동물과 인간들조차도 강물과 초원의 상황에 따라 이동할 수밖에 없는 보기 드문 사실을 처음으로 경험하였다.

Kalahari Desert

Kalahari Desert은 남부 대초원 지대로 Botswana와 Okavango Delta의 모체라고 할 수 있다. 비교적 비가 적고 모래가 많은 대평원이며 엄격한 의미로는 사막이 아니라고 한다. 크기는 California의 2배 (900,000sq km)이며 Botswana, Namibia, South Africa 등의 많은 부분을 차지하며 Kalahari Basin이라는 분지까지 합치면 2.5 million sq km(Texas의 4배)이라고 하며 Angola, Zambia, 그리고 Zimbabwe까지 포함된다고 한다. 이곳은 60million년 전에 Australia와 분리되어 두 대륙 간에 유사점이 많다고 한다.

Okavango Basin과 Okavango Delta

Botswana에 펼쳐져 있다. 크기는 721,000sq km이며 Texas state보다 훨씬 크다.

이 분지 안에서 가장 큰 강은 Okavango River로 동남쪽으로 흘러간다. 여름철에 Angola 중앙 고원(Behe Plateau)에서 시작되는 엄청난 빗물이 서쪽의 Cubango River와 동부의 Cuito River가 되는데 이들이 합류하여 Okavango River를 형성한다.

이 빗물(11 cubic km)은 한 달 이상 걸려서 1200km 이상을 흘러내려 Botswana 서북부를 지나며 150,000 sq Km (한국의 1.5배)의 거창한 지역으로 물이 퍼지면서 Botswana Delta가 된다. 물 높이에 따라 몇 달은 호수, 몇 달은 늪지대, 다음은 초원이 된다.

호수의 물은 Okavango Delta에 몇 달을 머무는 동안 대부분 땅속으로 스며들고 심한 더위에 증발하여 사라진다고 한다. 그러면 수많은 Okavango Basin은 Kalahari Basin의 일부분으로 Africa의 서남쪽에 위치한 방대한 endorheic basin(물이 강이나 바다로 나갈 수 없는 분지)으로 주위의 Angola, Namibia, Zimbabwe에 펼쳐져 있게 된다. 그리고 야생동물들이 찾아와 5~10월 사이는 Safari 관광의 최적기가 된다고 한다. 다행히 우리는 멸종 위기에 있는 Cape wild dog를 볼 수 있었다. 또한 400여 종류의 새들이 서식하고 있으며 African fish eagle, Pel's fish owl, Crested crane, Ostrich sacrid ibis 등 다양한 조류들이 포함된다.

불쌍한 원주민들 : San People(Bushmen)

Okavango delta에 살고 있는 원주민을 San People 또는 Bushmen이라고 부른다. 이들은 유목민으로 또는 야생의 짐승을 사냥해서 주식으로 삼던 원시시대를 거치면서 지금까지 20,000년 이상을 살아왔다고 한다. 남아프리카에서 같은 부족이 한 곳에서 가장 오래 살아왔다고 하며 동굴 속에서 발견된 Rock Painting 등 여러 곳에서 증명이 되었다고 한다. 그래서 인류의 기원 연구를 위한 DNA 분석에 큰 제보를 하고 있다고도 한다.

그러나 불행히도 유럽의 백인들이 들어와서 원주민들을 무참히 학살하고 그들이 사냥해서 먹고 살던 삶의 터전까지 강탈한 잔인성에 아직도 그들은 분노를 잊을 수가 없다고 한다.

어디서나 원주민 하면 힘없이 백인들에 의하여 죽임을 당하거나 노예로 전락할 수밖에 없으며 서서히 소멸하여가는 비운의 소유자라는 생각이 든다. 이들은 Botswana를 중심으로 주변 여러 국가들에 흩어져 살고 있다. 모두 90,000여 명 가량으로 주로 사냥을 하며, Kalahari Desert 주변에서 특히 Okavango Delta를 중심으로 살고 있다. 그러나 San People의 고난은 아직도 계속되고 있다. 1950년부터 40여 년간 Botswana 정부의 근대화 정책 아래 약자인 San People은 부당하게 그들의 근거지인 Okavango Delta에서 강제로 추방당하기 시작하였다. 이곳은 관광 핵심지로 이에 따른 수입과 Diamond mine의 중심지인 Okavango Delta의 개발을 위하여 San people은 걸림돌이 된다고 판단했기 때문이라고 한다. Botswana 정부는 San people을 다른 곳으로 강제 이주시키기 시작하였다. 법적 공방이 시작되었고 2006년에 San people은 법정에서 승리를 끌어냈다. 그러나 정부의 지속적인 방해와 제한으로 San people의 법적 투쟁은 아직도 지속되고 있다고 한다.

Safari Tour

Africa에 오면 야생동물들이 우글우글하여 쉽게 관광할 수 있으리라고 생각했다. 그러나 생각보다 찾기가 힘들었다. 코끼리, 얼룩말, 들소 등은 첫날 볼 수 있었다. 가장 기대되는 동물은 밀림의 왕자인 사자였는데 guide들이 아무리 노력해도 보이지가 않았다. 처음 3일간 노력했으나 허사였다. 그런데 4일 만에 드디어 나타난 사자는 TV나 그림에서 보던 것과는 달랐다. 사자들은 대개 무리 지어 생활하는데 이를 pride(사자의 한 가족적인 그룹)라고 한다. 한 pride처럼 보이는 사자 5마리가 가까이 지나가는 모습을 보고 긴장되었다.

그중에 상처 입은 사자는 중앙에 있었고 옆에서 가족들이 주위를 살피며 그 사자를 보호하며 지나갔다. 다친 사자는 등 쪽에 큰 상처와 피 흘린 자국이 분명히 보였다. 몹시 지쳐 보였다. 심한 상처를 입은 사자를 보호하며 지나가는데 몹시 불쌍해 보였다. 우리에게는 아무 관심도 없어 보였다. 밀림의 왕자가 저렇게 비참한 모습으로 나타난 것이 애처롭게 보였다.

10,000년 전에는 사자들이 인간 다음으로 많은 숫자의 포유동물이었다고 한다. 그러나 점점 급격하게 감소하고 있다고 하는데 주원인은 인간과의 갈등이라고 한다. 수사자들은 보통 20년을 살 수 있는데 수명 15년이 어렵다고 한다. 원인은 경쟁하는 이웃 사자들과의 치열한 싸움에서 받는 지속되는 상처 때문이라고 한다. 사자들은 낮에 자고 밤에 더 활동을 한다. 암사자들은 갈기(mane, 머리털)가 많은 수사자를 성적으로 선호한다고 한다. 암사자가 몸이 빠르고 가볍기 때문에 먹이 사냥을 훨씬 많이 한다고 한다. 큰 pride는 30마리도 되지만 보통 5~6 암사자, 새끼들, 그리고 1~2의 수사자로 구성된다고 한다. 수사자가 자

기 pride와 구역을 보호하고 외적을 막아낸다. 사자들의 숫자는 20년마다 30~50%가 감소하며 2004년 통계로 16,500~47,000 정도가 야생을 하고 있다고 한다. 우리가 머물던 Camp lodge에서 새벽이면 사자의 포효 소리가 여러 번 들렸다. 사자는 자신의 텃세권 안에서 낯선 사자가 사냥을 못 하게 한다. 수사자들은 덤불에 냄새나는 분비물을 배설하는데 3~4주 가며 또 포효함으로써 영역을 알리고 침입자들에게 나가라고 경고한다. 보통 포효는 8km까지 전달된다고 한다. 그러면 침입자는 이미 주인이 있는 영역임을 알게 된다. 그러나 경고를 무시하고 나가지 않으면, 침입자는 죽는 경우도 생긴다.

비행기에서 내려다본 Okavango River

Camp들 사이에는 주로 12승 내외의 경비행기로 왕래가 가능하다. 우리가 방문했을 때는 5월이었다. Moremi Camp라는 곳으로 이동할 때 이 경비행기를 이용했는데 때마침 거대한 Okavango 강물이 사정없이 흘러 내려오는 것을 관망할 수 있었는데 정말 대 장관이었다. 우리가 Moremi Camp에 도착했을 때는 그 지역이 이미 호수로 변모해 가고 있었다.

몇 백 년을 살아도 보기 힘든 광경을 하루 사이에 볼 수 있었다는 것은 우리의 행운이었고 기적이라고 느껴졌다. 상전벽해를 하루에 본 셈이었다.

African Termite Mound

Termite는 북반부 사람들에게는 귀찮은 존재이지만 이곳에서는 생태계를 지배한다.

Botswana의 여러 지역에서 크고 작은 흙 탑 모양의 Termite mound가 보였다. 대부분 1~2 meter의 높이였지만 30 feet 정도의 큰 것도 많다고 한다. 죽은 나무와 작은 쓰레기들을 분해 처리하고 땅을 aeration 하여 비옥하게 만들며 termite 자신들은 인간을 포함한 수많은 동물에게 먹잇감이 되어 준다. 현지 원주민에게 물어봤더니 굉장히 맛있는 음식이라고 하였다.

Termite mound는 인간에게 많은 교훈을 준다고 한다. Mound의 윗부분은 굴뚝처럼 뾰족하게 올라온 부분에 환기통이 있어서 더운 공기를 배출시키고 밖에서 들어오는 더운 바람은 지하실 chamber로 보내져서 외부와 상관없이 온도 조절이 된다고 한다. Mound는 termite의 분비물이 접착되어 보통 흙보다 단단하다고 한다. 그래서 공항 활주로도 mound를 이용하여 만든다. 경비도 저렴하고 아스팔트보다 단단하다고 한다. Termite는 물을 찾아서 땅속을 깊이 파고 들어가는데 지하 200ft 이상 내려간다고 하며 그렇게 깊은 곳의 흙을 표면까지 올려 mound를 만드는 데 쓴다고 한다.

mound를 분석하면 깊은 땅속 상황을 판단하는 데 중요한 정보를 제공하여 많은 탐광자들이 mound 분석에 열중한다고 한다. 실제로 세계에서 가장 큰 diamond 탄광이 Botswana에 있는데 이는 mound 분석을 통하여 발견되었다고 한다.

Diamond의 대국, 세계 4위

Botswana는 세계에서 제일 큰 diamond mine을 가지고 있으며 전 세계의 18%의 매장량인 130 million carats를 소유하고 있다. Diamond 수출액은 총 수출액의 70%이며 GDP의 23%를 차지한다. 그 외에도 copper, nickel, silver & uranium 등 광물질이 풍부하다.

작년에 Botswana에서 1,111 carats의 diamond가 발견되어 큰 뉴스가 되었는데 이는 세계 역사상 두 번째라고 한다. 제일의 diamond는 3,106carats며 1906년 South Africa에서 발굴되었다.

Botswana 정부의 시책

Botswana 정부는 지난 수십 년 동안 high Value & low volume의 Safari tourism을 시행하여 왔다.

300,000acres 이상 되는 방대한 땅을 관광회사에 임대하여주고 12,350acres에 한 명 또는 그 이하로 제한하여 wild life와 wild land를 보호하는 정책을 쓰고 있다. 우리가 투숙했던 camp에는 우리 일행 8명 이외에는 다른 관광객이 없었다. Camp Lodge는 단독 Tent 주택이며 지상에서 바닥이 2meters 정도 올라와 있었고 밑기둥 사이로 야생동물들이 드나들 수 있도록 배려되어 있었다. Botswana safari는 그 어느 곳보다 고급스럽고 훌륭하나 높은 여행 가격이 산출된다.

원주민들의 Hospitalities

해가 질 무렵에는 전망이 일품인 작은 섬 가장자리에 wine table과 안주를 차려 놓고 우리를 안내했다. 이곳의 특징적인 붉은 석양과 저녁 노을, 떼를 지어 어디론가 날아가는 새들의 무리들, 그리고 어디선가 교향곡처럼 들려오는 짐승들과 벌레 소리, 이 모두 Africa의 진수가 아닌가 싶었다.

어느덧 듯 땅거미와 함께 약간의 취기를 느끼며 camp lodge에 도착하니 저녁 식사를 준비하는 주방장과 또 다른 안내인들이 기다리고 있었다. 주방장이 저녁 menu를 기립 자세로 자세하게 설명한다. 그리고 그들은 정성껏 우리에게 저녁 식사와 Wine을 대접하였다. 식사 후에 옆에 준비된 camp fire 앞에서 도란도란 이야기꽃을 피웠다. 안내인 중 한 사람이 청청한 하늘에 반짝이고 있는 별자리들에 대해서 유식하게 설명하여 주었다. 북두칠성과 십자성은 북반부에서 볼 때보다 위치가 달라져 있음을 확인할 수 있었다. 일과가 끝나고 Camp lodge 방으로 들어갈 때도 안내인들이 한 명씩 따라나서며 끝까지 우리의 안전을 확인하였다. 아침에는 wakeup call 대신 안내인이 문밖에서 인기척을 하며 아침 식사가 준비되어 있다고 기별해주었다.

나는 생각해 보았다. 우리가 누구길래 이처럼 왕족 대하듯이 잘 해주는가? 아무도 아닌 우리를 이처럼 소중하게 대접해 주고 존경해 주는 것이 진심으로 감사했다. 그리고 원시적이고, 순수하고, 아름다운 자연과 사람들의 품속에 홀연히 흡수되어 일정이 끝나고도 집에 가고 싶지 않은 유일한 여행이었다. Africa! 나에게 그곳은 정녕 다시 한 번 가보고 싶은 곳이다.

모란꽃

김창기

모란꽃 송이
봄비에 후드득 떨어집니다

꽃 한 송이 기다림
허망하게 떨어집니다

꽃 한 잎의 아픔
어쩔 수 없어 떨어집니다

꽃 한 송이 순결이
꽃 한 잎의 슬픔이
젖은 땅 위에 뒹굴다가
숨을 멈춥니다

가랑비
마지막 떨어진 꽃송이
씻어주면
이제는 긴 침묵의 시간입니다
봄은 또 오겠지요

라구나우즈의 동물들 이야기

이재윤

사람들의 이야기는 많이 듣고 본다. 그러므로 이곳에 사는 동물들의 이야기도 듣고 싶다.

천당으로 비유할 만큼 살기 좋은 곳이라고 소문난 라구나우즈 빌리지에 와서 이 소문이 사실이라는 것을 아침, 저녁으로 느끼며 산 지가 3년이 된다. 골프, 라인댄스와 볼룸댄스, 채소밭과 과일밭 가꾸기, 동양화 그림공부, 초교파적 성경공부, 교회에서 제공하는 노인대학, 등산 그리고 일요일에는 교회에서 지나다 보면 이곳이 천국인지 아닌지 혼동이 될 때가 있다. 그러나 이곳은 천국과 유사한 곳이라는 생각에는 변함이 없다. 친절한 이웃, 좋은 환경, 격식이 있고 준비된 프로그램들, 노인생활에 절대적으로 필요한 안전성과 편의시설의 가치를 느낄 때 나의 판단과 생각이 옳다고 본다.

더 좋은 것은 우리 집 패티오에서 바라보이는 Par 3 골프장에 있는 연못과 분수를 바라보며 그 주위에 모여드는 동물들의 모습을 관찰하는 것이다. 이 동물들과 이야기를 하다 보면 살기 위해 일하던 젊은 시절보다 더 바쁜 은퇴생활에서 오는 피곤을 풀어주기 때문이다. 그들을 이해하면서 화면에 담아보고 싶어졌고, 삼성 노트 전화기에 동물들의 모습을 그리니 그들의 이야기도 우리 동네 사람들에게 소개하고 싶어졌다. 우선 연못 주위에서 볼 수 있는 동물들부터 하나하나 그림과 함께 소개한다. 지면 관계상 나머지 산토끼, 오리, 기러기, 허밍버드, 도마뱀, 나비, 파리, 초파리, 비둘기, 마멋(groundhog), 개미에 대하여는 다음 기회로 미루겠다.

미 서부 회색 다람쥐(Western Gray Squirrel)

이곳에서 볼 수 있는 다람쥐는 전 세계에 분포한 265여 종의 다람쥐 중에서 미국 서부 해안가에 살고 있는 회색 다람쥐이다. 분류학적으로는 동물(계) 척삭동물(문) 포유(강) 쥐(목) 다람쥐(과)에 속한다. 수명은 약 10년이며 소나무의 솔방울에 있는 씨 (잣)나 벌레를 먹고 산다. 산에서 발견되는 다람쥐는 상수리, 도토리, 밤, 산딸기, 새알 그리고 곤충 등을 먹고 산다. 주간이나 야간에 활동하며 겨울에는 동면 대신 활동을 줄여 생활한다(남극 북극지방에서는 동면을 함). 먹이가 풍부할 때 이를 보관하여 겨울을 나며 식량이 부족해서 배가 고파도 꼭 씨를 남겨 둠으로 봄에 새싹이 자라 장래의 먹이가 되도록 하는 장기 식량 보급정책을 하는 현명한 동물이다. 인간도 보릿고개가 있듯이 다람쥐는 봄철 보관했던 도토리나 상수리가 싹이 날 때 먹이 부족으로 고생한다. 이 무렵에는 나무의 새싹이나 꽃봉오리를 먹고 산다. 섬유질은 소화를 못 시키고 탄수화물이나 단백질 그리고 기름기를 먹는다. 동부에 사는 Eastern Gray Squirrel보다 좀 부끄럼을 타며 주위 환경이 이상하면 놀라서 나무 꼭대기에 올라 짹짹거린다.

사슴 종류는 11월의 짧은 기간 내에 짝짓기를 하는데 비하여 다람쥐는 12월부터 6월 사이에 오랜 기간을 통하여 짝짓기를 한다. 임신 후

44일 후에 새끼를 낳는다. 어린 다람쥐는 꼬리가 짧음으로 어미 다람쥐와 구별이 된다. 암놈과 수놈은 외형이 비슷하여 구별이 어려우나 암놈은 자기 영역을 잘 감시하며 다른 다람쥐를 쫓아내는 습성으로 분별이 된다. 애완으로 키우는 다람쥐도 발정기에는 수컷과 암놈 모두 사나워진다. 지능이 발달하여 소리, 냄새 그리고 꼬리로 상호 통화를 한다. 다람쥐는 겨울나기 먹이 저장소같이 보이는 가짜 먹이무덤을 꾸며놓고 다른 다람쥐를 포함한 경쟁자가 이 가짜 먹이 저장소에 눈독을 들일 때 진짜 먹이 저장소를 다른 곳에 몰래 장만하는 지능이 있다.

백로(왜가리) (Egret)

1. 백로는 한국 시골에서 많이 볼 수 있던 새(bird)로 지금은 멸종 위기에 처하여 천연기념물로 지정되어 종족이 유지되는 하얀 새이다. 왜가릿과에 속하는 모든 새를 백로라 한다. 라구나 우즈 빌리지에서는 파 3 골프코스의 연못에서 왜가리(중형) 혹은 해오라기(소형)를 볼 수 있다. 전 세계에 68종 그리고 한국에는 15종이 서식하고 있다.

2. 동물 분류학자가 아닌 우리들은 황새, 두루미, 백로, 왜가리, 해오라기를 혼동하고 살고 있음을 고백한다. 백로는 동물계, 척삭 동물문, 조강, 황새목, 왜가리릿과에 속하는 하얀 새다. 수명은 약 23년이며 작은 물고기, 우렁이, 뱀, 개구리, 쥐 그리고 곤충을 먹고 산다. 긴 부리와 목 그리고 긴 다리를 갖고 있어 얕은 물에 들어가 죽은 듯이 기다리다가 접근하는 먹이를 잽싸게 낚아채는 습성이 있다. 다리가 짧은 종은 연못 둑에서 기다리다가 긴 목과 부리를 이용하여 먹이를 구한다. 때로는 조용히 엉금엉금 물 위를 걸어가다가 먹이를 잡기도 한다. 물고

기를 잡을 때는 혼자서 있지만 보통 때는 무리를 지어 서식한다. 부리와 다리는 색이 있으나 온 깃털은 솜과 같은 흰색이다.

3. 활동은 낮에 특히 물고기가 잘 움직이는 아침과 저녁에 한다. 몸무게에 비하여 날개가 크고 발달하여 나는 모습이 우아하다. 수놈과 암놈의 차이는 없으나 암놈이 체구가 약간 작다. 수놈은 소나무나 큰 나무 위에 죽은 나뭇가지로 집을 짓고 암놈은 3~7개의 알을 낳은 후 암, 수놈이 교대로 알을 품은 지 17~28일 후에 새끼가 부화한다. 어미가 먹은 고기를 토하여 새끼를 키우는데 큰 종류는 2달, 작은 종류는 3주 만에 새끼는 둥지를 떠난다. 두루미는 겨울에만 볼 수 있는 철새이고 학이라 칭하기도 한다. 뒤 발가락이 짧아 나무 위에 앉을 수 없어 땅 위에 살며 둥지도 땅 위에 둔다. 머리에 붉은색을 띠고 있는데 산란기에는 이것이 더욱 붉어진다.

4. 백로와 왜가리는 여름 철새이고 다리가 길다. 나를 때 S자형으로 목을 굽힌다. 이들은 나뭇가지에 앉아 휴식을 취하고 집단으로 둥지를 튼다. 백로는 발과 부리를 제하고 온 몸이 흰색이나 왜가리는 회색을 띤다. 황새는 백로와 비슷하나 몸이 훨씬 크고 다리와 부리가 길다. 나를 때는 목을 길게 펴는 것이 특징이다. 그리고 몸빛은 흰색이고 날개와 어깨 깃털 그리고 다리는 검은 색이다.

까마귀(Crow)

까마귀는 어디서나 흔히 볼 수 있고 지능이 발달한 검은 새이다. 한국에서는 흉조로 일본에서는 길조로 여기며 세계 여러 나라에서도 흉조 혹은 길조로 평가받는 새이다. 한국에서는 까치는 길조요 까마귀는 흉조로 인간에게 피해가 많은 새로 오해를 받았으나 요즈음은 반대 의견이 지배적이다. 분류학적으로 보면 동물계, 척삭 동물문, 조강, 참새목, 까마귀과, 까마귀속에 속한다. 40여 종이 있으며 수명은 종에 따라 다르다. 수명은 보통 까마귀가 10~15년 오스트레일리아 까마귀는 22년 그리고 아메리칸 까마귀는 8년이다. 사육한 까마귀는 59년까지도 생존할 수 있다고 한다.

먹이로는 무엇이든 먹는 잡식동물이다. 나무 위에 둥지를 짓고 4~5개의 알을 낳는다. 18일간의 포란 후에 부화하여 한 달이 지나면 둥지를 떠난다. 한 달간 더 어미의 먹이를 먹다가 독립한다. 지능이 높으며 어떤 종은 조류 지능지수 상위에 속한다. 숫자를 4~5자리까지 셀 수(이해할 수) 있으며 병에 담겨있는 물이 수면이 낮을 때는 돌을 넣어 수면을 높이고 물을 마신다고 한다. 빵 조각을 미끼로 물에 떨어뜨려 고기잡이를 하며 호도를 높은 나무 위에서 시멘트 바닥에 떨어뜨려 깨뜨려 먹는다(LW 주민증언). 먹잇감이 될 만한 식물이 있으면 먹잇감으로 키우기 위하여 주위에 있는 나뭇가지나 긴 풀을 제쳐놓아 성장을 돕는다. 즉 농사를 짓는다. 음식을 일 년간 보관하는 능력도 있다고 한다. 먹이를 얻기 위하여 간단한 연장(tools)을 사용하기도 한다. 예를 들면 병에 들어 있는 꿀을 먹기 위하여 철사를 병에 넣어 꿀을 묻힌 다음 꺼내어 먹는다.

저들을 괴롭힌 사람의 얼굴을 기억하고 다른 무리에게 연락하여 그 사람을 기억하게 하는 인지능력과 소통능력도 있다. 골프장에서 까마귀가 간식을 물고 달아나는 경험을 통하여 그들의 지능이 다른 새들과 다르다는 것을 알 수 있다. 효도심이 있다는 증거는 없지만 그들의 지능을 감안하면 가능할 수도 있다고 본다.

참새(Sparrow)

참새는 대부분의 지구상에서 흔히 볼 수 있는 인간과 친분이 있는 새이다. 40여 종이 있는데 그중 17종은 사람이 살고 있는 인근에서 서식

한다. 그림에 나타난 참새는 집참새(House Sparrow)라 불리는 흔한 참새이다. 동물계, 척삭 동물문, 조강, 참새목, 참새과, 참새속, 종은 참새이다. 주식은 곡물인데 가을과 겨울에는 곡물 그리고 봄, 여름에는 곤충을 먹고 산다. 평균수명은 7~8년으로 보는데 많은 수가 1~2년 사이에 죽는다. 사육장의 새는 더 오래 산다고 한다. 둥지는 지붕 처마 밑이나 나뭇가지 위에 짓는다. 번식기에는 암수가 짝을 지어 살지만 겨울에는 무리를 지어 산다. 4~8개 정도의 알을 산란하고 그 알은 12~14일 만에 부화한다. 부화한 지 13~14일 만에 둥지를 떠난다. 너무나 잘 아는 새이니 이만 줄이고 참새 시리즈로 웃어 보기로 한다.

〈참새시리즈 (송광명 작성) 〉

1: 포수 한 명이 있었다. 그 포수는 전깃줄에 앉아 있는 참새를 쏘려고 하자 참새 왈 : 하하하, 네가 날 쏘면 내 다리에 장을 지지겠다! 포수는 분노하며 참새를 한 방에 쏘았다. 포수는 이 참새가 왜 이렇게 용감했는지 궁금했다. 그래서 참새의 배를 갈라 확인하게 되었다. 그 참새의 간은 부어 있었다.

2: 참새가 멀리 있는 포수를 알아본 순간 총알에 맞고 말았다. 이때 참새가 한 말, "포수가 윙크하는 줄 알았는데…"

3: 참새 둘이 전깃줄에 나란히 앉아 있었다. 포수가 그 중 한 마리를 맞춰 떨어뜨렸다. 총알을 맞은 참새가 추락하며 하는 말,

A 참새 : "나 잊지 말고, 바람피우면 안 돼..."

B 참새 : "웃기지 마! 네가 세컨드야!"

4: 참새 한 마리가 전깃줄에 앉아 있는데 포수가 총을 쏘자 떨어져 죽었다고요. 그런데 가서 보니 참새 백 마리가 죽어 있지 않갔어? 죽은

참새 이름이 '백 마리'라는구먼.

5: 참새가 날아가다가 포수의 머리 위에 똥을 쌌다. 화가 난 포수가 물었다. "야! 넌 팬티도 안 입냐?" 그러자 참새 왈, "넌 팬티 입구 똥 누냐??"

카요디(Coyote)

한국에서는 코요테라고 불리는 Coyote는 개과에 속하는 늑대(Wolf)와 유사한 야생동물이다. 물론 동물계에 속하는 척삭 동물문, 포유강, 식육목, 개과, 개속, 회색 늑대종, 늑대 아종에 속한다. 19개의 늑대 아종, Coyote가 지구상에 존재한다. 임신 후 63일 만에 보통 6마리의 새끼를 낳는다. 수명은 6~7년으로 짧은 편이다. 개와 같은 종에 속한다.

애초에 종을 구분하는 가장 큰 구분법 중 하나가 잡종의 생식 가능 여부인데, 늑대개(늑대와 개의 잡종)도 생식이 가능함으로 개와 같은 종이라 보면 된다. Wolf는 몸집이 Coyote보다 크고 귀가 짧다. 걸을 때나 뛸 때 Wolf의 꼬리는 수평을 유지하지만 Coyote는 아래로 내린다. Wolf는 인가와 떨어진 깊은 산 속에 서식하고 Coyote는 민가와 가까이 적응하여 산다. Wolf는 일부일처 혹은 일부다처제지만 Coyote는 오직 일부일처제이다.

늑대와 유사하게 무리로 동물사냥을 하지만 공격 방법에서 늑대는 후방공격을 하는데 coyote는 전방을 공격한다. Wolf는 늑대 혹은 이리라고 부르고 Coyote도 (작은) 늑대라 부를 수 있다고 본다. 주로 육식(약간의 잡식)동물로 고대에는 인간과 같은 먹이를 헌팅하는 경쟁자였다. 우리 동네도 골프코스 주위에 많이 서식하고 있는데 2014년 통계로는 109마리가 있었다. 한 여자를 공격하고 개를 낚아채 간 사건과 개를 잡아먹은 사례가 있었다. 2015년에 발생한 공격사건을 계기로 이들을 덫으로 잡아 다른 곳으로 이주시키는 대신 살생하기로 보드미팅에서 결정한 바 있다.

야생 동물에게 먹이를 주면 1,000불의 벌금이 부과되지만 주민들은 아랑곳없이 먹이를 주기 때문에 통제가 어려울 수도 있다고 본다. 그리고 종족이 위협을 받거나 살생이 되어 수가 감소하면 강력한 번식력으로 이를 대처하는 본능이 있기 때문에 우리 동네에서 완전히 살해 혹은 추방하지 않으면 결과를 장담할 수 없다고 본다. 적어도 당분간은 coyote 수가 감소한 탓인지 연못가에 기러기 한 쌍이 새끼 한 마리를 키우고 있다. 토끼와 쥐의 수도 증가할 것으로 본다.

Coot(검둥오리)

검둥오리는 라구나우즈 Par 3 골프 코스 연못가에서 많이 볼 수 있다. 무리를 지어 사는 철새인지라 겨울이 온화한 이곳에서는 일 년 내내 볼 수 있다고 하지만 실제로는 그렇지 않다. 봄철인 현재에 많이 볼 수 있다. 서식지는 연못 혹은 늪지대 그리고 호숫가 등이다.

주 먹이는 이끼나 풀 종류이고 간혹 곤충 종류나 물고기 등을 먹는다. 눈은 붉고 다리는 초록색이며 튼튼한 다리와 나뭇잎 같은 크고 긴 발가락을 갖고 있다. 물에서는 오리처럼 수영을 하지만 육지에서는 닭같이 잘 걷는다. 날기 위해서는 활주로가 좀 길어야 한다. 5종이 멸종을 하고 현재는 11종 정도가 존재한다. 동물계, 척삭 동물문, 조강, 기러기목, 오릿과 오리속에 속한다. 둥지는 큰 나무의 상봉에 잘 보이지 않게 짓기도 하고 숲 속이나 물 위에 떠 있는 풀숲에 짓는다.

1년에 두 번 정도 그리고 한 번에 6~11개의 알을 산란하고 품은 지 21~25일 만에 부화한다. 많은 조류들은 알을 다 낳은 후에 품는데 미국 검둥새는 첫 알을 낳자마자 품기 시작하며 계속 알을 낳는다. 먹이 사정에 민감하여 감당할 수 있는 8마리 정도가 부화를 하면 남은 알을 버리고 둥지를 떠난다. 인위적으로 더 많은 알을 부화하게 할 수는 있는데 이 경우 주위의 먹이 부족으로 여분의 새끼는 희생된다. 일부일처제인 이들은 암놈, 수놈이 번갈아 알을 품기 때문에 알이 한 번도 찬 공기에 노출되지 않는다.

멧새는 뻐꾹새가 몰래 제 둥지에 낳은 알을 부화하여 잘 키우지만 미국 검둥오리는 다른 검둥오리가 몰래 제 둥지에 낳은 알을 숫자 개념으로 인지하고 부화한 다음 이를 골라내어 쪼거나 둥지에서 몰아낸다. 어떻게 알아내는지 궁금하다. 알 하나를 산란 후에 품기 시작했으니 제일 먼저 부화한 새끼는 제 새끼로 안다. 첫 새끼와 다른 모습으로 태어난 새끼가 있으면 서자로 아는 것이다. 오리 새끼처럼 새끼는 부화하자마자 수영을 하는데 물속에 너무 오래 있어 깃털에 물이 스며들어 감기가 들지 않도록 어미가 수영 시간을 조정하고 가르친다.

앞으로 계속하여 이야기를 나눌 동물들:

나비, 파리, 개미, 벌, 초파리, 비둘기, groundhog , bobcat

글 · 그림: 이재윤

농사 예찬론

정 베드로

LWV 가든센터(Garden Center)에 토지 사용권을 신청한 지 3년 만에 400sf 농지를 분양받아 몇 주 전부터 텃밭 농사일을 시작했다. 땅 파고 심는 텃밭 농사일은 목회 생활 중에도 운동 삼아 정신 휴양 겸 계속 즐겼던 일이라 그리 어설프지 않다. 한국이 오늘날과 같은 선진 공업 국가로 발전하기 전 옛날에는 배운 지식이나 특별한 기술 없는 시골 농민들을 '땅 파먹고 사는 사람'들이라고 천시했으며, 농민들은 가난의 한을 씻기 위하여 논밭 팔아 자식들을 대도시로 유학 보내어 입신, 출세시켜 놓았더니 이제는 그들이 은퇴하여 부모들이 땅 파먹고 살던 옛 농토로 귀농하는 아이러니컬한 현상을 보니 농사일이 과연 큰 매력이 있는가 보다.

본 글 제목을 '농사 예찬론'으로 택했음은 생계수단으로서의 전업 농업을 의미함이 아니라 LWV에 살면서 여가 선용이나 운동 차원에서 즐기는 텃밭 가꾸기를 의미하며 필자가 농사를 예찬하는 이유는 아래와 같다.

(1) 할 일(소일거리)이 생긴다. : 은퇴자에게 가장 힘든 일 중 하나는

몸은 아직 건장한데 특별히 하는 일 없이 많은 시간을 무료하게 혼자 보내야 한다는 사실이다. 물론 독서, 운동, 만남, 동아리 모임, 여행 등을 자유롭게 즐길 수 있지만 이와 같은 활동은 작은 일이라도 할 일을 잠시 쉬고 휴식이나 여가선용으로 해야 재미있고 생동감이 있지 아침에 일어나 오늘은 뭐하며 하루 긴 시간을 어떻게 보내나 고심하다가 '~~나 해야겠다.' 하고 나가면 탄력을 잃게 된다. 다시 말해 별 재미가 없다는 말이다.

그러므로 Senior들, 특히 남자들은 은퇴 후에도 밖에 나가 혼자 할 수 있는 일이나 취미생활을 개발, 준비해 놓지 않으면, 별도리 없이 하루 종일 집안 방구석에 콕 박혀 앉아 방콕시장 노릇하면서 잔소리나 하게 되며 아홉 개의 호박(구박)이 넝쿨째로 떨어져 결국에는 흙수저로 밥 얻어먹는 신세로 전락하고 만다. 남자(바깥주인)란 아침 식사 마친 후 정장하고 일하러 밖으로 나가야 제격이고 Wife나 남이 봐도 멋있고 존경스럽게 보여 금수저로 음식 대접을 받게 된다.

그러니 '해는 져서 어두운데 찾아오는 사람 없고' '아무도 날 찾는 이 없는 외로운 이 산장에 단풍잎만 차곡차곡 떨어져 쌓이는' LWV 은퇴자들에게 텃밭 농사야말로 '딱'이다. 아침 식사 후 일터(밭)에 나가 잠시 농사일 돌보고 집에 돌아오면 기분도 상쾌하고 하루가 떳떳하게 시작된다.

(2) 육체와 정신건강을 위하여 : 땅 파고 심고 거두는 일은 전신 육체 운동이 된다. 큰 농사야 힘든 일이지만 400sf 정도면 Senior 부부가 유유히 할 수 있는 크기다. 손수 땅 파고 씨 뿌려 자라나고 있는 식물과 대화하며 상큼한 흙냄새 맡으면서 아침저녁 물주는 재미있는 맛은 너무나 좋고 정신을 맑고 편안하게 해준다.

이 나이에 얼마나 더 먹고 살겠다고 땅 파고 고생하느냐고 말하는 사람이 있다면 한 번 '맛 좀 봐야 한다(?)'

사람 사는 동안 가장 힘들게 하는 것 중의 하나가 사람 다루는 일이 아닌가 싶다. 아무리 잘해줘도 오해, 미움, 분노, 배신, 거짓, 변덕, 시기, 질투, 다툼 등 끝없이 요동치는 것이 사람의 마음인데 땅과 식물은 너무나 순수하고 거짓이 없다. 사람이 물 준 만큼 자라고 수고하고 애쓴 만큼 거두게 한다. 그래서 자연과 더불어 사는 농부들이 극심한 생존경쟁 속에 머리싸움을 하며 살아가는 도회지 사람들보다 훨씬 순진하고 건강한 것 같다.

(3) 유기농(Organic) 식품 : 한문에 '다사다반'이란 말이 있다. 즉 일을 많이 하면 먹을 것이 많이 생긴다는 말이다. 몇 주 전 텃밭 일을 시작할 때는 (3)항을 생각 않고 출발했으나 '농사 예찬론'을 쓰면서 이 내용을 더하게 됐다.

오늘날 현대 의학과 약학이 놀라울 만큼 발달했음에도 불구하고 걸렸다 하면 암 병! 물론 암의 발병원인이 여러 가지 복합적이지만 우리가 매일 섭취하는 음식물과도 무관하지 않다는 것이 상식이다. 한편 소위 유기농(Organic) 채소, 과일이라 하여 2~3배 비싸게 호가하여 소비자의 마음을 부추기고 있으나 문제는 생산과정을 누가 봤느냐는 것이다. 항간에서는 시중에서 팔고 있는 유기농 농산물 중 80~90%가 가짜라고 하니 확실한 것은 내가 직접 심고 거둔 채소는 확실히 유기농이다!

필자에게는 400sf 텃밭이 좀 작은 듯하나 알프스(Alps) 산에 자리 잡고 있는 스위스(Swiss) 주민들이 갈고 있는 손바닥만 한 텃밭에 비하면 이것도 '대농'이라는 감사하는 마음으로 오늘도 땀방울을 흘린다.

새로운 원동력을 만드는 여행

황정훈

많은 사람들은 여행을 떠납니다. 떠날 준비를 하면서 이것저것 챙기는 것은 물건뿐이 아닙니다. 저는 항상 행복도 함께 챙겨 갑니다. 그러면서 아직 떠나지도 않았는데 미소와 설렘이 벌써 찾아옵니다.

문화가 발달한 나라일수록(미국 혹은 북유럽) 많은 사람들이 일 년에 한두 번 여행하고자 노동과 시간을 저축하며 살아갑니다. 우리의 자손들도 앞으로 그리되리라 생각됩니다. 북유럽에 갔을 때 관광시즌인데 많은 관광지의 상점들이 문을 닫고 있어서 의아했는데 나중에 알게 되었지만 모두 휴가를 떠났다고 해서 깜짝 놀랐던 일이 기억납니다. 우리 생각으론 도저히 이해가 안 가는 일에 "아 인생은 이런 게 보람되게 사는 것이구나"하고 깨달은 적이 있습니다.

흔히 여행을 하기 위해선 세 가지를 동시에 갖춰야 한다고 합니다. 돈, 시간 그리고 건강입니다. 그 가운데 하나라도 빠지면 어려워지지요. 그러나 사실 이 세 가지를 모두 갖기란 쉬운 것은 아닙니다. 이 세 가지가 모두 갖추어졌다 해도 부수적으로 두 가지가 더 있으면 더욱 좋겠습니다.

하나는 여행하고자 하는 곳에 대한 지식, 그리고 다른 하나는 식성입니다.

우린 여행하면 보통 명승고적이나 유적지 혹은 호화로운 쇼핑, 환락가를 섭렵하는데 주를 이루었다고 해도 과언이 아닙니다. 이젠 그 바통을 중국인들에게 넘기는 단계인 것 같습니다.

거대하고 화려한 유적과 명승지를 놓치기 아까워 사진을 수없이 찍고......

하기야 사진이나 TV에서만 보던 것들이 눈앞에 나타나니 감동과 흥분이 되는 건 이해를 합니다만 사진을 너무 많이 찍다 보면 도리어 즐거운 여행이 빗나갈 수도 있습니다.

나는 자연을 좋아해서인지 자연 그대로를 좋아합니다. 프랑스와 일본에선 많은 문화제를 도적질 해다 버젓이 자기네 것 인양 전시하는 모습에 도둑놈같이 보였고 태국에선 그들의 전시관에 한국과 일본이 함께 자기 나라를 침범했다는 역사사진을 보면서 홀로 애국심이 발동되기도 했습니다. 그때 마음이 씁쓸하였던 기억 탓인지 자연 박물관은 관람을 해도 역사박물관은 별로 가고 싶지 않습니다.

수없이 여행을 하면서 느끼는 것은 많은 분들이 여행의 목적을 다른 곳에 두고 피로를 풀고 놀러 간다는 기분으로 생각하는 분이 많습니다.

참된 여행은 나의 지식과 정신적 육체노동이 합쳐졌을 때 기쁨이 생성됩니다.

그냥 소풍 가듯 생각하는 사람이 동행했을 때 언제나 문제가 발생합니다. 참된 여행은 가는 곳의 역사, 지리 그리고 인간의 우정을 생각하며 그곳과 동화하며 배우는 가운데 아름다운 여행이 이루어집니다.

여행은 단순하게 일상을 벗어나는 기쁨에만 그치는 것이 아니라 새로운 것을 보고 배우며 무엇보다 새로운 자신을 만나고 오는 소중한 여정입니다.

특히 이곳에 사는 분들이야말로 여행하기 좋은 위치에 살고 있으며 가장 좋은 시대에 여행하기에 알맞은 조건을 고루 갖춘 축복 받은 분들이라고 생각됩니다.

자, 여러분 여행을 떠나요!!

LWV Laguna Woods Village

아름다운 동행

제 4 부
조국의 어제와 오늘

LWV Laguna Woods Village

아름다운 동행

도시 수출(都市 輸出)

고 석 원

근간 신문기사에 눈을 번쩍 뜨게 하는 총 180억불 내지 200억불(한화 약 21조-23조원) 상당의 해외 신도시 건설 사업에 관하여 한국 건설업체(대우건설과 한화건설)가 공동으로 사우디아라비아 정부 주택부와 양해각서(MOU)를 체결하였다는 소식이다. 참으로 장하다.

수출품은 다양하다. 한국의 초기(1950~1960년대) 수출품은 중석(광물)이었다. 그 후 이쑤시개, 게 바늘, 손톱 깎기, 공예품 등 조그만 것이었던 것이 TV, 냉장고, 세탁기, 자동차 등으로 고급화되었으며, 덩치 크기로는 2만 톤급 컨테이너 선박(길이 400m, 폭 58m, 갑판 면적이 축구장 4배 크기)까지 제조 수출하고 있다. 그뿐만 아니라 바닷물을 담수화하는 플랜트 수출도 하고 있다.

최첨단 신도시 건설하면 이는 최첨단 종합 예술작품일 게다. 매우 복잡한 도시설계 도안부터 시작하여 이 계획안에 따라 도로망, 철도망, 상하수도망, 통신망, 배전망, 주택, 상가, 공원, 학교, 병원, 교량 등등 헤아리기 어려울 정도의 많은 일이 많은 인원과 물자를 투입하여 장기간에 걸쳐 정밀하게 잘 이루어져야 할 거다.

이번 건설 사업은 사우디아라비아 수도 리아드에서 그리 멀지 않은 '다흐야 알푸르산'이란 곳에 인구 60만 명이 살 수 있게 하는 신도시로서 한국 경기도에 개발된 분당의 2배 규모라고 한다. 한화건설은 이라크 '바스마야' 지역에서 분당급에 버금가는 신도시(제1호, 2012년 수주) 건설 중이다. 따라서 '다흐야 알푸르산'은 제2호 신도시인 셈이다.

이밖에도 대우건설은 베트남 하노이에 최초로 신도시 '스타 레이크 시티'를 2012년 수주 건설 중이며, 북아프리카 알제리국, 수도 알제 남쪽 '부그줄'에서도 분당 약 3배 크기의 신도시 공사를 하고 있는 중이다.

지난해 국제유가가 하락하여 산유국들의 수입(收入)이 줄어들었지만 그래도 그들이 갖고 있는 원유 및 천연가스 매장량은 막대하여 큰 부(富)가 아닐 수 없다. 그들은 이 부를 활용하여 신도시 건설이란 큰 프로젝트를 외국에 주문하고 있다.

현대 한민족 토목공사를 일으켜 준 경부고속도로 건설 후 한국의 건설업계는 지난 50년 동안 많은 고생과 연구와 노력 끝에 이제는 세계가 인정해주는 우수한 건설기술과 실적을 쌓아왔다.

그런데 그동안 잘 나가던 한국의 조선 및 해운 산업이, 그리고 강철 수출이 어려운 지경에 이르러 그 타개책을 모색 중인데 신도시 수출이란 가뭄에 한줄기 단비 같은 기쁜 소식이다.

그간 강남스타일을 비롯하여 K-pop, K-girls(여자골프) 등 문화 및 스포츠 분야에서 한국은 눈부신 진출을 이룩하여 K 시대가 오고 있는 느낌인데 여기에 더해 K-city(K-construction)도 탄생 중인 것 같다.

이번 사업이 성공적으로 수행되어 앞으로 중동지역, 북아프리카지역, 동남아지역에 제6, 제7, 제8의 신도시 수출이 이루어진다면 세계

도처에 한국이 건설한 도시들 즉 K-city가 세계지도에 여기저기 새겨질 날이 오기 바란다.

필자는 1960~1970년대에 한국 수출 진흥 업무에 종사한 바 있어 수출 관련 소식에 늘 관심이 많다. 1964년 한국 전체가 수출한 금액이 1억불이었는데 이제 2개 회사가 200억불을 (약 10년에 걸치지만) 수출한다는 소식에 감탄한다. 물론 한국의 종합상사 그룹들은 이미 연간 그 이상씩 수출하고 있지만 말이다.

필자의 중부(仲父)이신 고중명 씨(작고)는 미국 MIT 대학의 한국인 최초 입학생으로 (토목공학 전공) 1926년 6월에 졸업했다. 90년 후 이제 한국 국력이 신장하여 신도시 건설 사업을 통째로 맡았다는 소식을 들으면 그분이 얼마나 반가워하실지 모르겠다.

신의주 학생 반공 사건

〈23명의 피살자(被殺者)와 34명의 유형자(流刑者)를 낸 신의주 학생 반공 사건〉

고영철

신의주 학생 반공 사건은 1945년 소련군 북한 점령과 동시에 시작한 공산당의 횡포가 점점 도에 넘치는 것을 보고 울분을 참을 수 없던 신의주 중등학교 학생 2천5백여 명이 자유를 부르짖은 사건이다. 그해 11월 23일 공산 정권에 항의 데모를 하다가 소련군 비행기의 총격을 받아 일어난 이 사건의 희생자 추모 행사가 매년 서울에서 거행되고 있지만, 70년 전 일이라 미국에 이민 온 교포들의 대부분은 금시초문으로 여기겠기에 요새 일어나고 있는 역사 바로잡기 운동에 일환으로 써 보기로 한다.

해방 당시 지금 서울대학교 전신인 경성제국대학 의학생이던 나는 미군의 서울 진입 이틀 전에 고향으로 돌아가 나의 모교지인 신의주를 방문하였다. 중학교 교사이던 조선인 선생은 모두 중등학교 교장으로 임명되어 자격 있는 교사가 부족하던 터라 나는 임시교사로 부탁받고, 제일공업학교 교사로 취직하여 숙식은 학생 기숙사에서 해결하기로 하였다.

11월 23일 한 학생이 교원실로 나를 찾아와 정부기관 반대 데모를 할 터인데 선생들은 관계없음을 증명하기 위하여 교원실에 감금한다면서 출입문을 닫고 밖에서 보초를 서고 있었다. 얼마 후에 상공에서 소련군 비행기의 소리가 들리더니 한 시간쯤 지나서 기숙사 학생들이 뛰어 돌아오며 '소련군 기관총 난사로 많은 사상자가 났다'기에 도립병원으로 달려가 보니 유혈이 낭자한 시체 가운데 내가 담임교사로 있던 반 학생을 보게 되었으니 그때 나의 심정이 어떻겠는가?

당국의 학생 체포령이 내려져 기숙사 학생 대부분은 딴 곳으로 피난 가고 기숙사에 몇 명밖에 없을 때, 소련군이 기숙사를 포위하더니 우리를 밖에 몰아내어 수수밭에 세워 놓더니 트럭에 태워 소련군 사령부로 쓰던 신의주 경찰서로 데리고 갔다. 그때 한국계 소련 정보원의 심문을 받았으나 교사는 관련이 없다는 것이 확인되어 하룻밤을 앉아 지내고 그 이튿날 도(道) 인민위원회에 끌려가서 도 교육부장 함석헌 선생의 말씀을 듣고 돌아왔다. 하지만 함석헌 선생은 이 사건으로 몇 달 동안 옥고를 치르신 것으로 기억된다.

그때까지 미 공군 사령부로 징발되었던 의학부 기초교실이 군 징발에서 해제되었기 때문에 강의가 시작되었다는 소식에 나는 서울로 올라와 이 사건에서 멀어졌다. 따라서 그 사건에 관여했던 당시 신의주 동 중학교 4년생이었던 예비역 육군소장 방덕제(方德濟) 장군의 신의주 동중 동창회보에 실린 기고문(신의주 학생 반공 의거)을 인용하며 정리하고자 한다.

해방 때의 신의주 지방 정치, 사상 실태

1. 이 지방은 전국에서 기독교가 가장 강한 지방이었다. 1884년 미 선교사가 도래하기 전에 의주군 청년 4명이 만주를 왕래하며 행상을 할

때, 한국 선교를 계획하여 만주에서 대기하던 스코틀랜드 로즈 목사와 맥킨타이어 목사에게 한국어를 가르치다가 세례받고 성경을 한국어로 번역하며 조선으로 밀입국하여 선교하였다. 기독교 신자들이 생기기 시작하여 1889년 언더우드 목사가 신혼여행으로 의주를 갔을 때, 33명이 세례를 받겠다고 나섰지만 국법이 이를 막고 있어서 배를 타고 건너편 안동 가까이에서 세례를 받았다. 이 사건이 유명한 압록강 세례로, 이곳이 곧 한국 기독교 발상지라고 할 수 있다.

2. 신의주 서남에 위치한 용천군이 전국에서 제일 처음으로 군 노회(郡 老會)를 구성할 정도로 성장하여 1929년 노회를 창설하였다.

3. 신의주 제일교회 윤하영(尹河英) 목사, 제2교회 한경직(韓景職) 목사는 두 분 다 미국 프린스턴 신학교 출신으로 유능한 목회자를 모셨던 지방으로, 해방 직후 두 분은 기독교 사회 민주당을 창단하여 용암포 지부 결성식을 하였다. 이때 공산당원들이 습격하여 대의원들을 구타하며 회의장소 제일교회를 파괴한 것이 신의주 학생 반공 거사의 한 원인이 되었다.

4. 1945년 11월 20일 신의주 남방 육십 리에 있는 용암포(龍岩浦)에 있는 용암포 수산(水産)학교 학생들은, 그간 공산당이 강점한 학교교사(校舍)를 물려달라는 것과 인민위원장 이용흡과 그 주구(走拘)들은 물러가라는 시위가 벌어져 100명의 학생과 시민이 부상을 당하였으며 제일교회 장로 홍석왕 씨가 현장에서 무참히 타살되는 일이 있었다.

이 소식은 즉각 신의주 학생들에게 전해지고 이에 격분한 학생 자치회는 각 학교 대표들로 진상조사단을 구성하여 현지에 파견, 소련군 사령부에 진정하였으나 무시당하고 말았다.

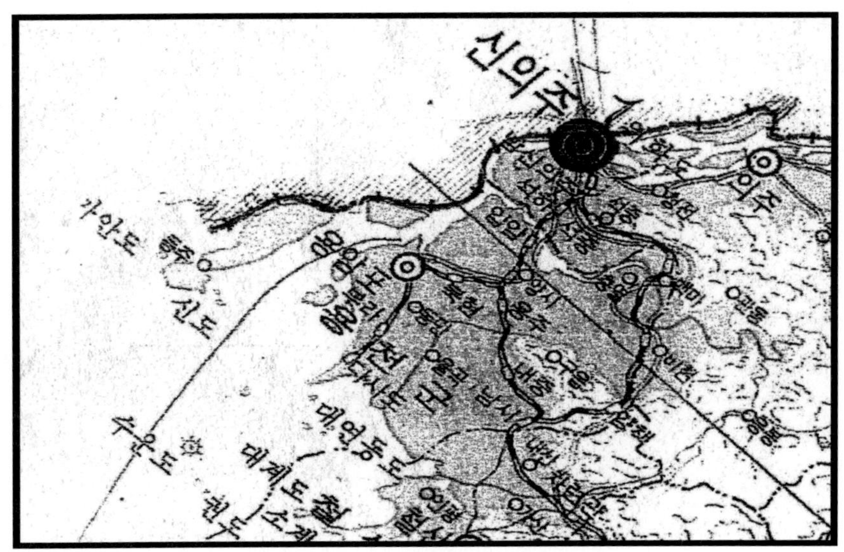

학생 자치회는 비상 대책회를 소집하고 다음 3개 항을 결의하였다.

0. 신의주 남자 6개 학교 학생은 공산당을 응징하기 위하여 비무장 투쟁으로 거사한다.

1. 거사 일시는 11월 23일 정오 12시(후에 14시로 변경)

2. 목표 분담

제1진 : 동중(東中)학교와 제1 공업학교는 평북도 인민위원회 보안(保安)부를

제2진 : 제2공업학교와 사범학교는 도 공산당 본부를

제3진 : 평안 중학교와 상업학교는 신의주 보안서를 각각 공격한다.

방 장군의 기고문에 따르면 의거 계획이 누설되었다고 쓰여있는데 나는 그렇다고 믿지 않는 이유로, 제2진이 공산당 본부 정문과 후문을 통과하고 담장을 넘어 3층 옥상까지 올라가 공산당원들과 지원 나온 일부 소련 군인들과 격투를 하였다고 기록되어 있기 때문이다.

그때 내가 듣던 이야기로는 기대하지 않던 습격을 받은 곳에서 소련

군에 연락하자, 소련군은 비행기를 출동시켜 기관총으로 난사하여 24명의 피살자와 300명의 부상자를 냈고 현장에서 체포된 학생은 그 수를 헤아릴 수 없었다.

그리고 방 장군은 다음과 같이 기록하고 있다. 학생의거 주동자로 체포되어 시베리아로 유형 된 학생은 제2 공업의 황신하, 사범학교의 한형규, 방재인, 김경준, 오준갑, 고은영, 김의준, 김승환 등 34명으로 파악되고 그 후에도 많은 학생들이 처형되거나 유형 되었으나 공산당 세상이라 정확한 인적 사항은 알려지지 않고 있다.

이 사건이 끝난 후 많은 학생이 이남으로 탈출하였으며 일부 학생들은 학업을 계속하였지만 많은 학생이 남한 경비대에 입대하여 6.25 동란 때에 공산군과 싸워 나라에 목숨을 바쳤다.

그때 동중학교 교사로 있던 장도영(張都映)도 남하하여 경비대에 입대하여 나중에 육군 참모총장으로 있다가 군사 혁명의 희생물이 되었음은 잘 알려진 역사 이야기다.

우리말 순화

김관채

우리 말씨에는 재미있는 말이 많다.

말 한마디에 천 냥 빚을 갚는다 했듯이 일상생활에서 아름다운 말솜씨는 그의 인격을 가늠하고 품위를 높인다.

LAGUNA WOODS VILLAGE에 사는 우리 모두 아름다운 말만 쓰고 남을 인정하며 사는 모습을 보고 싶다.

이구동성으로 천국에 왔으니 건강하게, 재미있게 살자고 노래를 한다.

여기서 옛날 고사 하나를 소개한다.

어느 한 마을에 두 양반이 살고 있었는데 어느 날, 고기를 사러 육식점에 들렀다.

그 중 한 양반이 소고기 한 근을 사는데

"쇠돌이 네 이놈! 고기 한 근 냉큼 주거라 근도 실하게 달고 맛있는 살코기로 많이 주거라, 이놈아!"

하여 쇠돌이는 한 근을 달아 주었다.

잠시 후 그 중 다른 양반이 소고기 한 근을 사는데

"쇠돌아, 자네 그간 잘 지냈나? 내 고기 생각이 나서 한 근 사러 왔네. 좀 잘해 주게나. 부인과 아이들도 잘 지내지." 하며 한 근 달아달라고 하였다.

쇠돌이는 전번 양반 것보다 근수를 넉넉히 하여 주었다.

이것을 본 먼저 양반이

“아니 쇠돌이 이놈아, 어찌 이 양반 것보다 내 것이 어찌 적으냐?” 하고 따졌다.

고로 쇠돌이 하는 말이 “그 양반 것은 ‘쇠돌이 놈’이 근수를 단 것이고, 이 양반 것은 ‘쇠돌이’가 단 것이라 근수가 좀 다릅니다.” 하였다고 한다.

한국의 외관 위주의 허영화 생활 풍토

김봉현

영국의 유명지인 The Economist 잡지회사의 Daniel Tudor는 파견기자로 수십 년을 한국에서 살아왔고 Correspondent가 쓴 'Korea, The Impossible Country, South Korea's Amazing Rise from the Ashes'라는 책에서 한국 사회는 경쟁의 사회라고 하였다. 즉 중학교 교습부터 대학입시, 취직, 결혼, 자식 자랑 나중에는 어머니들의 얼굴 성형수술을 너무나 잘 관찰하고 썼는데 필자는 마지막 성형수술 면을 경쟁심을 넘어 한 발 더 깊이 들어가 자기 얼굴을 성형수술을 해서 남에게 과시하려는 심리에서 온다고 본다.

그 실력 과시 즉 show off 하므로 어머님들은 무한한 만족감과 행복감을 느끼는 것이다.

필자는 미국으로 유학 와서 15년만인 1970년에 처음으로 고국을 방문했는데 물론 눈부신 경제 산업발전에 놀라움을 금치 못하고 감동을 했다. 그때 이 필자하고 같은 처지에서 한국방문을 오랜만에 한 어느 친구가 하는 말이 중학 동창들, 약 70명이 모여서 자기 환영 겸, 어느 중국 식당에서 동창모임을 화려하게 했는데 그 모임의 총 경비를 단 한 분이 솔선 지불했다고 한다. 그 액수가 웬만한 사람의 한 달 월급에 해당한다고 했다. 그 옛 친구를 후에 단독으로 만났는데 하는 말이 경비를 지불했던 그 친구가 어느 기업체를 맡아서 요즘 운영하는데 자기의 성공을 과시하려고 그렇게 한 번 show off 하는 것이라고 했다.

다음에 갔을 때 필자도 기회만 있으면 신문 기자회견에서 한국의 경제 산업발전을 찬양하면서 한국 사회를 밖에서 볼 때 느끼는 것은 허영심을 기초로 한 과잉소비, 외관 위주의 생활 풍조를 근절하는 생활의 정화가 꼭 시급하다고 강조했다. 그러나 그 풍토가 46년 이상이나 흐른 오늘까지 조금이라도 정화되기는커녕 점점 더 성장하고 있다는 것을 관찰할 수 있다. 쉽게 말하면 돈 잘 쓰는 사람은 알아주고 쓰지 않는 자는 사회경쟁에서 뒤떨어지는 사람처럼 취급을 받는 것이다. 심지어는 미국 교포들이 비싼 가격을 보고 주저하면서 잘 쓰지 않으면 심지어는 친척 가운데서도 미국 거지 취급하며, 무시하는 것이다.

본인은 미국서 두 대학교에 다니면서 미국 친구들, 타민족, 특히 아시아 학생들 또 다른 외국 학생하고 많은 교류를 하며 본국의 문화, 사회, 생활 풍속에 대해서 대화를 하고 관찰을 했다. 필자는 미주리 주 콜롬비아 시에 있는 미주리 대학원에서 정치학을 전공했고 그 후 시카고에 와서 법과대학을 다녔다. 변호사 개업을 1969년 5월부터 했는데 그 때 마침 현 이민법이 1965년 드디어 통과되어 1968년부터 시행되면서 처음으로 동양인을 위시한 이민의 문호가 열렸다.

그때 본인은 시카고 시에 불과 10명도 안 되는 이민 전문변호사였고 본인 외에 한국 변호사가 1명 더 있었다. 중국 변호사는 전혀 없었으며 일본 2세 변호사도 30여 명 있었으나 2차 대전 전시에 자라서 일본말을 전혀 하지 못했다. 본인은 다행히 예전에 배웠던 일본말이 다시 돌아와서 일본 고객을 많이 얻었다. 그때 홍수처럼 몰려오는 이민법 고객과 외국인(일본, 중국, 인도, 파키스탄, 남미, 유럽, 아프리카)사회와 접촉이 많았다. 또 변호사 개업을 하면서 미국 주류사회, 법률사회, 법조인 관계자들과 인사하고 매일 접촉을 했으며 40여 년 개업하면서 많은 개인 친구도 사귀고 교류가 있었다. 유대인 변호사의 Bar-Mitzvah Party(유대 종교에서 남자가 13세가 되면 갖는 성년이 된다는 경축)에도 여러 번 초대되어 개인적으로 많은 대화와 관찰이 있었으며 친구도 많았다.

40여 년의 타 민족 사회와 친구들과 교류를 해서 그들의 생활풍토를 속속들이 관찰했다.

본인이 분명히 단언할 수 있는 것은 풍토, 풍속, 생활방식에도 필자가 말하는 외관 위주의 허영적 생활방식, 과잉소비 풍토는 하나도 볼 수가 없었다. 그러나 한국의 허영적 생활방식과 과잉소비는 계속되는 경제산업, 무역발전에도 불구하고 점점 성장만 하니 이것이야말로 이제 한국 고유의 문화가 되었다.

미국사람들은 이런 사람을 바보라 하고 알아주지도 않는다. 이제라도 하루속히 전반적으로 개정하고 근절해서 진실한 생활정화가 실현되어야 한다고 느끼는 바이다. 이것은 숨어 있는 후진성밖에 안 되는 것이며 허영심은 여러 면으로 생활정화를 좀먹는 기생충이다.

최근 한 예를 들자면 한 유명 고급 이태리 가방이 처음 나왔는데 하나에 9천 불이라 한다. 그것을 사려고 상점문을 열기도 전에 전날 밤부터 돗자리를 깔고 밤을 새우면서 기다리고 있다는 것이다. 물론 그러한 고가의 가방을 살 수 있는 여유가 있고 필요한 사람도 있겠지만(탤런트 같은 분) 필자는 그중 많은 사람들은 그것을 손에 들고 과시하며 남에게 자랑하고 싶은 허영심에서 온다고 본다.

또 한국 사람들의 명함이 특이한 것은 뒷면에 자기의 경력이 다 적혀 있다. 우선 어느 교회의 장로라는 것부터 시작하여 국회의원에 출마해서 낙선이 되어도 출마했다는 기록이 있다. 명함 받는 사람은 받아서 바로 호주머니에 넣지 않고 그것을 훑어보고 고개를 끄덕거리며 칭찬하는 표시를 하는 것이 예의라 한다.

"아~~ 의회 활동이 많으시군요. 대단하십니다."라고 말해 주지 않으면 실례가 된다고 한다. 이력서가 들어있는 명함을 쓰는 나라가 세계에 또 어디 있겠는가?

필자는 앞으로 5년 이내에 이북은 어떠한 형태로든지 붕괴한다고 보는데 그때가 오면 남한은 홍수처럼 내려오는 이북 탈북자를 수용하기 위해 과연 정부나 민간 차원에서 어떠한 대책이나 준비가 되어 있는지 염려가 된다. 풍족하고, 화려하고, 사치하고, 안이한 물질사회에 젖어 사는 특히 젊은 층이 과연 어떻게 대응할 것인지, 염려가 되지 않을 수 없다.

국민들의 통일의미는 점점 약해지고 있는 것 같다. 독일의 경우를 보라. 물론 서독, 동독 간의 전쟁은 없었으니 우리하고 사정은 다르지만 독일합병 때, 사실 미국은 속으로는 합병을 원하지 않았다. 왜냐하면 독일 분할이 냉정에 있어 소련 세력팽창을 막고 방비막이 되는 것이며 유럽의 모든 나라는 독일이 잘되는 것은 좋지만 통일이 되어 너무 크게 팽창하는 것을 원하지 않았다. 과거의 군사력 팽창을 우려했으며 유럽을 지배할까 우려했을 것이다.

그러나 독일 통일은 오직 독일 국민의 근면성, 성실하고 건전한 검소한 생활 자세, 절약하는 국민성을 토대로 한 강력한 경제력, 꾸준하고 성실한 외교적 추궁으로 그때 많은 경제 고난을 겪고 있는 소련을 돈과 외교로 회유했던 것이다. 오직 단독으로 아무의 도움도 없이…….

필자는 독일 사람을 항상 존경하고 좋아해서 여러 번 여행, 방문을 했는데 그때마다 그들의 근면성, 검소한 생활방식, 낭비를 모르는 국민성에 감동을 얻었다. 통일 후 유럽에서 가장 부유하고 제일 강한 경제력을 발휘하고 성장하여 왔지만 또 한편은 한없이 인자하고 자비해서 남을 도와주는 위대한 독일 국민들이다. 그들은 한국도 6.25 전쟁 후 박정희 대통령 때 경제적으로 많은 도움과 편의를 주었다는 것을 우리는 너무나 잘 기억하고 있다. 또한, 최근에는 이라크 피난민을 세계에서 가장 많이 받아들였다.

그러한 부유한 환경에도 허영과 과잉소비 또 지나친 사치는 약으로 쓰려 해도 찾을 수가 없었다.

한국 사람들의 오해(誤解)

김선하

무릇 오해란 무식과 교만과 게으름의 산물(産物)이라 할 것이다. 배우지 않으니 무식이요, 억지를 일삼아 제 고집만 휘두르니 교만이요, 사물의 근원(根源)이 무언지 파고들기가 귀찮으니 게으름이다. 그런데 작은 오해는 더 큰 오해로 번져나가 걷잡을 수가 없게 되기도 한다.

한 사람의 오해는 그렇다 쳐도 온 나라, 온 누리에 판을 치는 오해 때문에 진실이 흐려져 앞날이 보이지 않는다면 이는 나라의 비극이요, 그로 인한 사회상(社會相)은 참담(慘憺)해질 뿐이다.

여기서는 어느 한 개인의 오해를 지탄하려는 게 아니라 오늘 우리나라에 팽배(澎湃) 한 '집단적 오해'가 무엇이며 그것이 우리로 하여금 어떤 비극으로 내닫게 하고 있는지 살펴보고자 한다.

한국은 민주주의 국가인가?

헌법과 정부조직과 선거제도 등 격식(格式)과 모양새로 보면 민주주의가 틀림없다. 그런데 민주주의는 거기까지이고 사물이 실제로 돌아가는 꼴을 지켜보면 민주주의를 빙자(憑藉)한 온갖 억지가 활개 쳐서 차라리 비

(非) 민주주의 하에서나 가능할 어처구니없는 '오해'들이 기승을 부린다.

야당으로 오랜 고초를 겪은 어느 정치인이 훗날 국가원수가 되더니 언론과 결사(結社)의 자유를 지나치게 표방(標榜)한 나머지 급기야 무수한 시민단체를 꾸려내고 지금도 국민의 혈세로 그들을 지원하고 있다. 하지만 이들 가운데 상당수는 종북(從北)의 깃발을 높이 들어 진보(進步)의 이름으로 국회의원까지 배출(輩出)시키면서 암약(暗躍)하고 태극기와 애국가와 대한민국을 마다하는 무리가 되어 법의 제재(制裁)를 받고 나서도 아직 준동(蠢動)을 멈추지 않는다.

우리의 소중한 자녀들과 그들의 소중한 교육을 전교조라는 무법 종북단체에게 내주고 역사 공부의 철폐라는 만행(蠻行)을 번복(飜覆)시켜 놓으면 이번엔 역사 사실 자체를 왜곡(歪曲)시켜 교과서에 올리면서 저들 주장을 강요한다.

노동조합의 탈을 쓴 민주노총이라는 광폭한 무리는 산하(傘下)의 업체별 노동조합 들의 머리 위에 군주(君主)처럼 높이 올라앉아 틈만 나면 조합원들을 내몰아 광우병(狂牛病) 규탄, 노동법 개혁안 반대 등을 외치면서 거리에 떨쳐 나와 폭력과 파괴를 거듭하기 일쑤다. 이들은 때때로 무고한 조합원들을 강제 차출(强制 差出) 해서 맥아더 장군의 동상을 끌어내리고 제주도의 군항(軍港)을 부수어 버리라는 노동 운동과는 거리가 먼 종북 정치개입을 자행(恣行)하기도 한다.

> 분명히 말한다. 이런 자들의 말과 행동을 민주주의 이름으로 묵인, 방관하는 것은 바보의 한계를 훨씬 넘어선 지극히 위험한 '오해'라고… 대한민국의 테두리 밖에서 대한민국을 근본적으로 부정(否定)하는 무리들을

시민단체입네, 진보 정당입네 호칭(呼稱)하는 무분별/무신경은 이제 땅속 깊이 묻어 버려야 할 때다.

정치인들은 어떤가. 여당(與黨)을 '무어든-다-먹어-당', 야당(野黨)은 '무어든-다-반대-당'으로 개명(改名)시켜야 오늘 그들의 행태(行態)를 이해할 수 있는 형편인데 다만 이권(利權) 추구에 있어서는 여(輿)와 야(野)의 구분이 없는 천재적 재치를 휘두르는 무리들이다. 야당은 누가 무슨 말을 해도 우선 반대부터 해놓고 그리하는 것이 저들이 민의(民意)를 대변(代辯)하는 것처럼 아우성치니 가소로울 따름이다. 이들의 일상행보(日常行步)는 이조(李朝)시대의 부질없고 어리석은 당쟁(黨爭)의 재탕(再湯) 이고 나라의 장래를 깊이 우려하여 오늘 노력하고 반성하는 기풍(氣風)은 약에 쓰려고 해도 없다.

이 의원님들이 챙겨가는 머리 당 세비(歲費)가 자그마치 1억7천만 원을 웃도는 데 여기에 청산(淸算)할 책임이 면제된 검은돈이 경비조로 추가되고 그것도 모자라 때때로 출판기념 기타의 황당한 명목으로 별도수입을 챙기기도 한다. (유럽 몇 나라의 국회의원들은 자전거로 출퇴근하는가 하면, 대중 교통수단에 쓰는 돈은 제 주머닛돈으로 치른다는 얘기를 혹시 들어본 적이 있으신가요.)

하지만 이들 배부른 의원님들의 입법실적(立法實積)은 언제나 한심한 정도로 낮은데 이 기막힌 사태에 부채질을 한 것은 다름 아닌 여당이었던 한나라당의 높으신 분들이었고, 그들의 민주주의에 대해 어리석기 짝이 없는 '오해'가 꾸려낸 결과는 이른바 선진화 법(先進化 法)이라는 악법(惡法)이었다. 이 우스꽝스러운 법 덕분에 야당의 합의가 없으면 천하 없는 일반 법안(法案)도 본회의에 상정될 수가 없는 온 세계에 유례가 없는 진풍경이 등장하게 됐다. 여당은 '뒤늦게' 이 악법을 철회시키고

저 진땀을 빼고 있지만 현 국회가 종말 되는 끝날까지 이것이 이룩될 가능성은 매우 희박하다.

나라의 기틀과 운행이 이처럼 어처구니없는 오해 위에서 맴돌고 있는 사실을 우리는 어떻게 평가하고 어떻게 대처해야 하는가 깊이 생각해볼 만한 일이다.

한국은 경제대국(經濟大國)인가?

며칠 전 신문에 '한국의 연간 개인소득이 27,000불 이상으로 치솟아 32,432불인 일본을 바싹 따라붙었으니 얼마나 대견스런 일이냐', 대서특필(大書特筆)한 기사가 실려 있었다. 그 기사 귀퉁이에는 100억 원 이상의 기별 배당금(配當金) '잔치'를 벌인 한국인 기업주가 무려 20명을 넘었다는 기사도 어엿하게 곁들여 있었다.

초등학교 6년간을 신발 한 켤레 제대로 신어보지 못하고 15리(里) 자갈길을 맨발로 통학했던 우리 세대(世代)의 눈엔 그런 것이 기적 같은 경제 대국의 모습으로 비칠는지도 모른다. 하지만 눈 가린 속임수와 기막힌 '오해'가 여기에는 과연 없었단 말인가.

무엇보다 먼저 국가의 대표적 기업이라는 삼성, 현대와 더불어 많은 한국 기업들의 자본금(資本金)의 50% 이상이 외국자본이고, 은행을 비롯한 금융기관은 50%를 넘어 100%까지 외국인 자본으로 운영되고 있다는 사실을 아는가. 정확하게 말한다면 이들 기업은 한국기업이 아니라 다만 한국에 본사를 둔 외국기업에 불과하다 할 것이다. 더 기막힌 실정은 한국경제의 80% 이상이 외국자본과 한국인 사장, 회장님들의 탐욕(貪慾)을 위하여 좌지우지(左之右之)되고 있다는 사실이다.

이 때문에 일반 국민소득의 증가에도 불구하고 빈부차(貧富差)는 날이 갈수록 악화되고 있으며 사회 전반의 불만과 불안, 반항, 폭력, 범죄(어린이 학대도 포함), 자살 등 원시적인 해악(害惡)을 증폭시키고 있는데 다들 소리만 고래고래 지를 뿐 법적, 정책적, 과학적 대안은 아직 미흡하기 짝이 없다.

한국 사람들이, 특히 젊은이들이 박봉(薄俸)과 중노동(重勞動)의 아픔을 견디며 벌어들인 돈의 대부분이 외국인과 한국 기업주들 주머니에 흘러들어가고 남은 돈이 정의(正義)로운 분배(分配), 미래를 위한 자본의 재투자, 기술혁신 등에 쓰이는 건 새 발의 피다.

(일본은 꾸준하게 각 부문에서 노벨상 수상자를 배출(輩出)하며 기업창출에도 크게 이바지하고 있는데 우리 한국은 아직 단 한 사람의 노벨상 수상자가 없다. 한국인의 두뇌와 끈기가 일본인에 뒤져서 그런 게 아니라 한국 기업주들 대부분은 이익을 새끼 치듯 금시 돌려주는 장사가 아니면 노루 꼬리만 한 투자도 하지 않는 데 문제가 있다. 남의 나라에서 오랜 세월에 피나는 노력과 투자로 이룩한 새 기술을 구걸하다시피 사들여 우선 돈벌이에 힘쓰는 것이 현명하다는 유치하고 무지한 장돌뱅이 근성과 몽매(蒙昧)한 '오해'가 바로 그것이다.)

거리에는 100여 만 명의 젊은이들이 실업과 비 정규직(非 正規職)의 박봉(薄俸)에 신음하며 헤매는데 우리가 젊은이들에게 이렇게 해도 된단 말인가. 젊은이들을 이처럼 궁지에 몰아넣고도 두 손 들어 만세를 부르는 자들은 누구인가. 고용을 증대시키는 것은 오로지 투자뿐이라는 간단한 이치를 왜 무시하는가. 대통령이 피어린 목청으로 경제 활성화, 고용개혁 법안의 국회통과를 호소해도 '선진화 법'이라는 투구를 뒤집어 쓴 야당의 거부로 이것도 난감하다. 기업들이 투자하기를 거부한다면 차라리 기업 이윤에 대한 15%라는 싸구려 세금을 몇 배로 인상하면 어떤가 하는 야당의 독설에도 일리가 있긴 하다.

중국의 원화절하(元貨切下), 미국의 금리인상(金利引上) 등 대국들이 재채기를 하면 한국 증권시장과 외국환율이 곤두박질치며, 중국, 아랍계의 경기 저조(景氣 低調)로 수요(需要)가 떨어지면 한국의 수출은 삽시간에 20% 이상의 축이 나서 독감에 허덕이는 한국, 외국 투자가들이 낌새가 심상치 않다고 하여 수조(數兆)원을 빼돌리면 한낮의 대공황 속으로 빠져드는 한국의 투자시장 - 이래도 한국이 '경제대국'이란 말인가.

> 무엇을 위하여, 누구를 위하여 돈을 벌고,
> 벌어들인 돈을 어떻게 공평하게 나누어 쓰며,
> 남은 돈은 어떤 목표를 위해 재투자해 나가느냐
> 바닥의 바닥 일을 배우고 실천하는 기상(氣象)을
> 지금 길러 나가지 않으면, 경제 대국은커녕
> 나라의 장래마저 가늠하기가 힘든 날이 온다.

한국 통일은 가능한가?

고등교육을 받고 좋은 벌이에 개기름이 얼굴에 번드레한 서울 사는 어느 중년 남자가 으름장을 놓았다. "통일요. 아니 통일을 왜 한답니까? 통일을 하면 이북의 거지들을 내 주머닛돈으로 먹여 살려야 하는데 그길 왜 합니까?"

내 중학교(구제 6년) 동기동창이었던 윤각(尹珏) 군은 6.25 동란이 터지자 어느 누구보다 먼저 학도의용군(學徒義勇軍)에 입대해서 수색대원(搜索隊員)으로 복무(服務)하던 어느 날, 작전이 끝났는데도 돌아오지 않아 찾아 나간 전우들은 천만뜻밖의 광경을 보게 되었다. 윤 군은 자기가 방금 쏴 죽인 피투성이의 인민군을 부둥켜안고 대성통곡을 하고 있었던 것이다. 생김새도, 나이도 16, 7세 우리와 똑같은 틀림없는 동족을 죽여야 했던 일이 너무 서러워 그는 통곡을 참지 못한 것이다. 윤 군은 그로부터 한 달 뒤 포항 전투에서 전사하고 말았다.

위의 두 에피소드를 어떻게 보는가. 한쪽의 극단(極端)과 그에 맞서는 또 하나의 극단 사이에 놓여있는 어마어마한 공간이 두렵지는 않았는가. 하지만 한결 더 두려운 건 그 공간에 볼품없이 내동댕이쳐져 있는 한국인들의 통일에 대한 철저한 무관심과 무신경이 아니었는가. 그런 가탄(可歎)할 지경으로 이들을 몰아넣은 장본인은 한마디로 정부와 정부의 통일에 대한 독선적(獨善的)이고 방자(放恣)한 태도가 아니었던가. 우리가 그간 겪어 온 정부주도의 크고 작은 통일론이 상상을 초월하는 '오해'와 '우격다짐'으로 얼룩져 온 게 사실이 아니었던가.

(예컨대 햇볕정책으로 이북사람들이 입고 있는 바지까지 벗겨 보겠다던 으름장은 그들이 바지를 벗기는커녕, 외투 몇 벌을 더 끼어 입도록 만들어 준 웃지 못할 코미디로 둔갑하고 말지 않았던가.)

1. 왜 통일을 해야 하나, 뚜렷한 신념과 근본적으로 실천이 가능한 목표조차 세우지 못했으며
2. 어떻게 통일을 이룩할까 하는 현실적 방법론(方法論)에는 철저하게 무식했고
3. 한국 통일을 세계사의 무대에 올려놓고 그 각광 아래서 이를 수행해야 할 경륜(經綸)과 통찰(洞察)도 없었다.

이 세 가지를 좀 더 깊이 살펴보자.

첫째, 왜 통일을 해야 하나. 다른 모든 허황된 핑계를 물리치고 나면 우리의 피맺힌 통일에의 비원(悲願)의 골자가 뚜렷해진다.

'우리 자손들에게 동족상잔(同族相殘)의 비극(悲劇)을 유산(遺産)으로 물려줄 수는 없다.'

이보다 더 크고, 바르고 알기 쉬운 통일에의 동기부여(動機賦與)가 다시 있겠는가. 제 손으로 쏴 죽인 인민군의 시체를 부여안고 통곡한 윤각 군의 심경(心境)을 이해한다면 위의 구호가 갖는 뜻이 무언가 자명(自明)해 지고 이 외침은 이북 동포, 그리고 외국인들까지도 함께 이해하고 동조(同調)할 수 있는 기본적인 설득(說得)이라 생각 않는가.

여기에 중대한 '오해'를 바로 잡아야 할 일이 또 하나 있다. 남북한 양쪽의 정부 조직(政府組織)이 앞장서서 아무리 통일을 외쳐본들 그들이 통일을 성취(成就)시킬 가능성은 '전무'(全無)하다는 사실, 양쪽 정부의 답답하고 무분별(無分別)한 시도(試圖)는 남북 간에 끝없는 대결과 종내 전쟁의 위험을 증폭(增幅)시킬 개연성(蓋然性)밖에 없었다는 사실을, 우리는 자신의 생생한 경험을 통해서 잘 알고 있지 않은가

그렇다면 대안(代案)은 짐짓 무엇인가. 통일을 우리 겨레가 얼마나 진정으로 원하느냐가 시발점을 이루게 될 것이다. 통일에의 외침이 남북한 온 누리의 열정(熱情)과 함성(喊聲)이 되어, 이를테면 뒷골목 아줌마들까지 거리로 떨쳐 나와 통일을 부르짖는 범 국민 운동(汎 國民 運動)으로 발전시켜 정부는 뒷전에서 이를 밀어주고 끌어주는 것이 우리의 올바른 갈 길이라 생각 않는가.

이 열정과 함성이 거대한 물결이 되어 남북한 전역을 휩쓸 때 독재 정권은 끝내 무너지고 진정(眞正)하고 유일한 통일운동이 국민들의 힘으로 첫발을 내디디게 될 것이다. 아득하고 두려운 길이지만 통일에의 실마리를 풀어주는 것은 이 길뿐이다.

이러한 운동을 키우고 펴나가는 데는 몇 가지 긴요한 전제조건이 있

다. 우선 남한부터 사회정의(社會正義)를 확립하고 소득분배(所得分配)와 기타의 공정성을 지키며 국민들이 서로 믿고 합심하는 풍토를 배양하면서 우선 종북(從北), 무법단체(無法 團體)들의 무리를 근원적으로 폐출(廢黜) 시키는 것이 그것이다. 온 누리가 마음을 모아 함께 갈 수 있는 통일에의 길은 이런 정비작업 (整備作業)을 거쳐 처음으로 공고한 발판 위에서 발족할 수 있다는 것을 깊이 인식해야 한다.

둘째, 통일의 방법론(方法論) 자체는 간단명료하다. 우리가 위의 국민운동을 통해 통일에의 길을 먼저 밟아 가면서 동시에 전 세계에 이를 알리고 그들의 적극적인 도움을 얻어내야 한다.

왜냐하면 우리의 통일은 우리의 힘만으로는 결코 이룩할 수가 없는 까닭이다.

우리 통일과정에 좋건 그르건 가장 깊숙이 관여(關與)하고 들어 올 나라들은 다름 아닌 중국과 미국이다. 이들을 설득하고 나머지 국제세력의 강력한 지지(支持)를 함께 얻어낼 수 있는 예지(叡智)와 수단(手段)을 지금부터 마련해야 한다.

셋째, 우리의 특유한 지정학(地政學)적 위치 때문에 극동에서 동란이 야기될 때마다 우리 강토(疆土)가 강대국들의 충돌의 무대로 변해 온 아픈 역사를 기억하는가. 지금은 어떤가. 중국이 태평양으로 내달아 미국을 아시아 전역에서 축출시키고자 하는 세력과 이를 최선을 다하여 막아내고 봉쇄하고자 하는 미국과 일본의 연합세력이 충돌하고 충돌을 되풀이할 현장(現場)은 바로 이북을 포함한 한반도의 전역이다. 그리고 그 나라들의 궁극적 목표는 짐짓 한국의 운명과는 상관이 없는 자기네 국가적 이득일 뿐이다. 우리는 이 어처구니없는 비극의 역사를 우리의 통일로서 중단시키고 번복(飜覆)시켜야 한다.

어떻게 이를 실현하는가. 우리의 통일이라는 과업을 전 세계 무대에 올려놓고 그 각광 아래서 이룩해 나갈 경륜과 통찰을 길러 아래의 목표를 기필코 관철시켜야 한다.

통일 한국은 통일과 함께 전 세계가 보장하는 영세중립국(永世中立國)이 되어야 한다.

영세중립의 대원칙을 전제하지 않고는 통일 자체를 이루기 힘들고 영세 중립을 우리의 생명선(生命線) 삼아 사수(死守)하지 못하면 우리의 통일은 이의 참된 뜻을 잃고 앞서 말한 패싸움 터로 다시 되돌아갈 수도 있다.

철혈재상(鐵血宰相) '비스마-크'는 보잘것없는 18세기 유럽의 작은 왕국 '프러시아'를 기점 삼아, 참모장 '모르츠케'와 함께 철혈정책(鐵血政策)을 휘둘러 독일 통일이라는 공전(空前)의 대업(大業)을 성사시켰다. 하지만 그는 통일을 이룩하자마자 대륙보장책(大陸保障策)이라는 평화정책으로 단숨에 전환(轉換)하면서 타국과의 갈등을 피하고자 자기네 해외 식민지까지 양보해가며 수도 베를린(伯林)을 세계 평화외교 무대로 제공함으로써 방금 이룬 통일의 기반을 굳건히 보장해 나갔다.

우리도 이를 모범 삼아 통일 한국은 아무의 편도 들지 않고 우리의 통일과 중립이 우리나라로 하여금 극동의 평화와 나아가 세계평화의 기틀을 위한 완충지대(緩衝地帶)를 제공(提供)하게 될 것을 각국에 이해시키며, 국제분쟁을 평화롭게 해결하고자 하는 세계무대에 적극 동참하여 봉사함으로써 서 우리가 이룬 통일과 중립의 국시(國是)를 굳건히 옹호해 나가야 할 것이다.

맺는말

'오해'를 물리치고, 진실을 소중히 받들고, 그를 위해서라면 목숨을 아끼지 않는 결단과 용기가 우리에게 지금 필요하다. 우리에게 통일은 이미 선택사항(選擇事項)이 아니라 절대적인 소명(召命)이다. 남북의 우리 후손에게 결코 오늘의 비극을 유산으로 물려주지 않고 그들에게 빛나는 미래에의 영광을 심어주려는 목숨을 건 사랑과 배려(配慮)가 지금 필요하다.

2016년 3월에

내가 겪은 6.25

민공기

1950년 봄 6년제 중학을 졸업한 나는 두 달 후 6월 28일 서울에 입성한 북한군 점령하에 3개월간의 악몽 같은 도피 생활을 시작으로 한국전쟁을 겪었다. 그 3년 동안 수만 명의 사람들이 북에서 남으로, 남에서 북으로, 또다시 남으로, 인민군으로, 국군으로, 피난민으로 오고 또 갔다. 그중에는 열아홉 살의 나도 있었다. 전쟁 동안에 나는 많은 것을 보았고 많은 것을 느꼈다. 해병대 소위로 임관한 지 한 달 만에 전사한 친구, 포로수용소에서 만난 동창생, 인민 의용군에서 나를 구출해주고 이북으로 간 '빨갱이' 친구…… 전쟁을 통해서 나는 우리가 선택할 수 없는 우연이 우리 삶에 미치는 막강한 힘을 알게 되었다.

이 수기는 한국전쟁 첫 번째 해인 1950년 초여름부터 1951년 여름까지 격동의 1년 동안 내가 겪은 한국전쟁 일지이다.

65년 전 한국, 그때 이런 일이 있었다. 이런 사람들이 있었다!

7월 초 나는 체부동 한 골목에서 동네 민청원과 인민군에게 잡혀서 청운 국민학교에 있던 인민의용군 집합소로 강제 연행되던 중 우연히 지나가던 중학 동창생 김 군(옹진 출신 민청 요원이었다)의 힘으로 빠져

나오게 되었다. 그 친구가 나에게 남긴 말은 지금도 기억하고 있다. "미국 놈들이 이 전쟁에 이렇게 대대적으로 참전한 이상 우리 공화국의 승산은 없다. 나는 끝까지 인민군하고 같이 행동할 수밖에 없는 처지지만 너는 미군이 다시 서울에 올 때까지 잘 피해 있어." 나는 이후 김 군을 다시 만나지 못했다. 만일 이때 김 군이 나를 구출해 주지 않았다면 필경 나의 운명은 달라졌을 것이다. 정치이념보다 우정으로 나를 도와준 김 군을 나는 지금도 잊지 못한다.

9월 28일 서울이 수복되던 날 청운동 우리 집은 미군의 대포 직격탄을 맞고 지붕이 날아갔지만 다행히 지하실에 도피했던 우리 가족의 인명피해는 없었다. 포격이 끝난 새벽 우리 집 앞을 인왕산 쪽에서 아직 소년티가 나는 인민군 병사가 발에서 피를 흘리며 울면서 내려왔다. 북쪽으로 가는 길을 물어보는 그에게 나는 말없이 북악산 쪽을 가르쳐주었다. 1950년 9월 28일 드디어 서울은 해방되었다.

10월 초순에 나는 통역장교 시험을 치고 군에 입대하고 서울 명동성당에 설치된 연락 장교단 훈련소에서 두 달 동안 훈련을 받았다. 입대했던 10월 초에 압록강까지 파죽지세로 진격하던 UN군은 중공군의 인해참전으로 청천강에서 장진호에서 결정적인 타격을 받고 12월 초순에는 전군이 다시 남으로 후퇴하고 있었다.

육군 연락장교(통역장교 전신) 6기생으로 임관한 우리는 육군 본부와 함께 군용열차로 안동을 경유하여 대구로 이동했다. 이곳에서 처음으로 대전에 신설된 국군 11사단에 배속명령을 받았다.

50년 12월 24일 대구역에서 육군본부에서 보낼 jeep 차로 대전에 있는 사단사령부를 찾아가라는 것이다. 역 앞 광장에서 차를 기다리는 동안 나는 처음으로 전쟁과 전장을 강력히 느끼게 하는 장면을 본다. 역내 platform에는 원주-횡성(그때의 최전방 전선)행 군용열차가 연기를 뿜으며 대기 중이었고 역전 광장에는 보충대대에서 트럭으로 계속 운송되어 온 수백 명의 신병들이 소대로, 중대로 편성되어 가고 또 딴 트럭으로 운송되어 온 신임 소위들이 한 명씩 소대장으로 배치되어갔다. 편성이 끝난 부대는 곧장 대기 중인 열차로 움직여 갔다. 대전으로 가는 국도에는 북쪽으로 가는 차량 수보다 남쪽으로 후퇴하는 수가 압도적으로 많았다.

추풍령 부근에 왔을 때 저녁 하늘에 불꽃이 활활 타오르는 초가집을 둘러싸고 허탈감에 빠진 듯 whisky를 병째로 마시고 있는 미군 수십 명을 만났다. 내 jeep 차를 보자 그중 한 명이 "Hey lieutenant, we are going back to Japan. No more Korea! Sayonara!" 하고 외쳤다. 완전한 패잔병의 모습이었다. 계속 대전으로 달리면서 미국이 한국을 포기할지도 모르겠다는 불안을 느꼈다.

내가 배속된 11사단 사령부는 그 후 대전에서 전주 남원을 거쳐서 51년 3월 동부 전선으로 이동할 때까지 지리산 일대의 게릴라 소탕전에 참가했다. 그때 지리산 게릴라부대는 낙동강까지 남하했다가 UN군의 인천 상륙 후 입산한 인민군 정기군과 6.25전 1948년에 있었던 여순-순천 반란 사건 때 입산한 구 빨치산의 혼성부대였다. 51년 2월 어느 날 남자 한 명과 여자 두 명의 포로가 사단 사령부에 연행되어 왔다. 나와 비슷한 20대 동년배의 그들, 남자는 서울대 수의과 대학을 다니던 의용군 출신이었고 여자 대원은 카키색 인민군복 밑에 아직도 순천여고의 교복을 입고 있었다.

치열한 좌우 이데올로기 대립 밑에서 포로를 심문하고 포로로서 심문을 받던 그때 우리 세대의 슬픈 인연을 지금도 다시 생각해 본다.

우리 부대는 51년 3월에 대구에서 중장비를 공급받고 동해안을 따라 북상했다. 4월 초 양양에 있을 때 뜻밖에 나의 형인 민헌기 소위가 찾아왔다. 서울의대 졸업반이었던 형은 우리 사단 서쪽에 인접한 3군단 3사단에 야전 방역대원으로 배속되었던 것이다. 서울에서 입대한 후 소식이 끊어졌던 형을 전선에서 무사히 만나니 참으로 반가웠다. 특히 걱정했던 부모님 가족들이 부산 동래에 무사히 피난하셨다는 소식에 크게 안심이 되었다.

형이 돌아간 지 한 달 후 5월 중순에 중공군의 대대적인 공세가 있었다.

한국 전사 기록에도 남아있는 중공군 제2춘기 공세이다. 내가 있던 한국군 1군단 (11사단, 수도사단)이 있던 동해안 쪽은 비교적 무사했으나 우리와 인접한 산악지대의 3군단 예하 3사단과 9사단은 큰 타격을 받고 와해 상태가 되었다.

그러나 형이 있는 의무대는 후방에 있으니까 괜찮을 것이라고 생각하고 있었는데 5월 27일경 형의 의대 동기생이며 3사단에 같이 있는 김 소위가 나를 찾아왔다. 인제군 현리 부근의 험준한 산골짝에서 좁은 길을 후퇴하던 야전 방역대가 포위공격을 받고 나의 형을 위시해서 전원 비탈진 산으로 기어올라 피신했으나 그 후 대부분 인원이 행방불명이라는 것이다. 그중 포위망을 뚫고 살아나온 하사관의 이야기로는 나의 형은 사살됐거나 포로가 되었을 것이라고 했다.

중공군 포위공격이 있은 지 벌써 일주일이 지난 지금 살아나올 사람들은 다 나왔을 것이었다. 내가 흔히 통역을 맡고 있던 사단장(오덕준 준장)은 나의 이야기를 듣고 강릉에 설치된 3군단 낙오병 수용소에 가서 형을 찾아보고 부산에 계신 부모님을 위로해 드리고 오라고 시간을 허락해 주었다. 그러나 형은 수용소에도 없었다.

3사단 야전 방역대의 재편성 지시를 받기 위해서 육군본부가 있는 대구로 가는 김 소위 일행과 강릉에서 출발하여 대관령으로 향했다. 도중 도로 옆, 우물이 있는 농갓집에 들러서 휴식을 하기로 했다. 형의 행방불명 소식에 슬퍼하실 부모님 생각을 하며 정신없이 앞에 놓인 도로를 보고 있는데 대관령 쪽에서 야전공병대 트럭이 강릉 쪽을 향해서 내려오고 있었다. 내 앞을 지나가는 순간 트럭 뒤에 서 있는 흑 흙투성이 작업복 차림의 장교가 내 시야에 close up 되었다.

그 순간 "형! 민 소위님! 야, 헌기야!" 우리 일행은 모두가 소리 지르면서 트럭 뒤를 쫓아 나갔다.

다행히, 정말로 다행히 우리 고함을 들은 형이 트럭을 멈추게 하고 뛰어내렸다.

이렇게 해서 우리 형제는 동부전선 대관령에서 기적적으로 다시 만났다.

65년이 지난 지금 서울의대 명예교수 의학박사 민헌기는 88세로 서울에 건재하다.

3년 전 2013년 6월에 우리 온 가족이 한국에 갈 기회가 있었다. 4박 5일의 동해안 일주를 하던 마지막 날 내가 그때 51년 5월에 그 부근에 있었던 설악산을 찾아갔다. 짙은 안개 속을 케이블카 정류장 가까이 있는 신흥사를 구경하고 돌아오는 길에 내 딸 Kathy가 "Dad, there is a kind of war memorial."이라고 알려주었다.

"설악산지구 전적비"가 안개 속에 보였다.

"1951년 5월에 설악산 지구에 진입한 중공군과 인민군을 반격, 격퇴한 국군 1군단 산하 11사단과 수도사단의 전적을 기념한다."는 짧은 비문을 읽으면서 설악산 넘어 대관령 산속에서 있었던 젊었을 때의 우리 형제의 상봉을 생각해 본다.

튜브(Tube)가 나를 살렸다

박제송

1960년 햇병아리 의사가 된 나는 4.19 학생 혁명으로 수립된 장면 과도정부의 어지러운 정국을 뒤에 두고 충남 서천군 화양면 옥포리에 도착하였다. 화양면은 국가에서 지정한 무의촌으로 졸업반 시절 정부에서 받은 장학금을 보답하게 되어있는 일 년간의 근무처였다. 옥포리는 면사무소 소재지로 새 보건 진료소가 나를 기다리고 있었다.

지리적으로 금강 하류 바로 북쪽으로 전북 땅이 강 건너로 보이며 남쪽 하구에는 군산이 있고 이 마을의 생활필수품 보급 도시여서 아침에 출발하여 저녁에 돌아오는 통통 연락선이 유일한 교통수단이었다. 전기등 대신 등잔불이었고, 50m 떨어진 곳에 깊은 우물이 음료수의 단일한 수원이었다. 조 간호사와 조수를 고용하고 진료를 시작하였는데 별로 환자는 없었고 오히려 젊은 의사에 대한 호기심에서 인사를 하러 오는 손님이 더 많았으며 별 질문을 다 하여 난처할 때가 많았다.

나에게 항상 근심 걱정을 갖게 한 것은 분만이었다. 산파 간판이 도시 중심가에 즐비했던 때여서 대학 병원에 낮에 오는 산모는 극히 드물었고, 혹시 와도 대부분이 난산 케이스여서 수술실 직행이 대부분이라 정상 분만을 제대로 관찰 못 하고 졸업했다. 한 달여 쯤 지났을까, 노크

소리에 깨어 나가보니 10대 소년이 와서 이웃 아주머니가 아기가 안 나와 나를 부른다고 하여 어두운 논밭 오솔길을 달리다가 자전거가 미끄러져 흙투성이가 되어 소년의 도움으로 대강 닦고 집에 도착하니 아주머니가 나와서 어린애가 무사히 나왔으니 돌아가도 된다는 것이었다. 산모는 보지도 못했으니 왕진비는 받을 수도 없게 되었다. 휴가에서 돌아온 조수에게 이야기를 하였더니 산모의 부름을 받았을 때는 쏜살같이 가지 않으면 허탕을 치는 것이 일수라 했고 분만비는 외상이 없다고 했다. 일반 환자는 거의 모두가 외상이고 조수가 직접 수금을 다녀도 절반 이상을 받지 못하였다.

어느 초가을 이른 새벽에 젊은 총각이 와서 형수께서 아기가 나오지 않아서 왔다고 하기에 재빨리 그 집으로 가보았다. 안방에 들어가 보니 진통에 지친 아내를 남편이 뒤에서 끌어안고 앉아서 둘이 울고 있었다. 시어머니는 부엌과 안방을 드나들며 며느리가 몹시 고통을 받고 있으니 도와달라고 하셨다. 그 순간 내 머리가 아찔하여졌다. 처음 보는 산모, 그것도 초산, 분만이 지연되는 난산, 진통에 지친 산모, 응급이 생기면 누구를 부를 수도, 어디에 보낼 곳도 없는 오지에서 무경험 젊은 의사가 당하는 곤혹스러움, 이 모든 것이 나에게 불안감, 아니 공포감을 주고 있었다.

그러나 내가 한 가지 굳게 믿었던 것은 환자 앞에서 우유부단한 태도를 보여주면 안 된다는 것이었다. 마음을 바로잡고 분만의 첫 단계부터 시작하여 나갔다. 소변을 언제 보았느냐고 물었더니 오랜 진통 시간 중 한 번도 못 봤다고 하여 튜브로 소변을 한 바가지쯤 뽑았을 때였다. 갑자기 아기 머리가 보이더니 몇 초 사이에 어린애가 미끄러져 나왔다. 깜짝 놀랄 정도의 급강하여서 나의 눈을 믿을 수 없었다. 급히 탯줄을 끊고 아기를 시어머니께 안기는 순간 힘찬 울음소리가 들렸고, 여자아기를 탄생시켰다. 운 좋게 태반이 곧 뒤따라 나왔고 그때야 안도의 숨이 나오기 시작했다.

산모의 안면에 순간적으로 미소가 지나가고 있었다. 차려준 아침 밥상과 막걸리를 비우고 왕진비까지 받고 자칭 개선장군이 되어 보건소로 돌아왔다. 그 후 내가 튜브를 사용하여 난산을 순산으로 바꿨다는 소문이 돌기 시작하였다.

후기

도미 후 인턴 시절, 야간 당직 때 산실에 불려가 수간호사의 친절하고도 무서운 눈초리를 받으며 분만을 배웠고, 여러 아기를 출산시켰으며, 그때마다 생각나는 옥포리의 안방… .

나는 은퇴 후 2000년에 옥포리를 찾아갔다. 충남 의대 출신인 공의와 만나 이야기를 나누었다. 전기와 수돗물이 들어왔고 현대 자동차로 왕진을 다니며 군산까지는 30분이면 가기 때문에 대부분의 산모는 그곳에서 케어를 받는다고 하였다. 정말 다행한 일이다.

내가 북에서 겪은 6.25

윤억섭

나는 1931년 북한 함흥에서 태어나 19세 되는 해에 6. 25를 맞이하였다. 당시 나는 흥남 서호(興南 西湖)라는 어항 도시에 살고 있었는데 6. 25가 일어나기 전날 동회에서 연락이 왔다. 내일 아침 거리청소를 위해 한 가정에서 한 사람씩 빗자루를 가지고 서호 역전 네거리에 나오라는 것이었다. 우리 집에서는 내가 나가서 청소를 시작하고 있는데 전주에 설치한 확성기에서 중대발표가 나왔다.

오늘 새벽 '남조선 괴뢰군'이 38선 전역에 걸쳐 북방부를 공격, 현재 약 2km 침공하였다는 것과 즉시 철수하지 않으면 응징할 것이라는 내용이었다. 그리고 약 30분 후쯤 청소가 거의 끝날 무렵 다시 방송이 나왔다. 거듭된 경고에도 불구하고 '괴뢰군'의 북침이 계속됨으로 '위대한 김일성 수령께서' 인민군에게 반격을 명령하였다는 내용이었다. 이리하여 나는 6.25가 국군의 북침으로 시작된 전쟁으로 알고 있었는데 대한민국에 와서야 그것이 아니고 내가 그 방송을 들을 당시엔 반대로 북한군이 남한 땅 깊숙이 침공한 사실을 알고 북한의 교묘한 허위방송에 쓴웃음을 지을 수밖에 없었다.

당시 북한에는 북한 공산정권을 지지하는 사람과 반대하는 사람으로 나누어져 있었는데 공산주의에 반대하던 많은 사람들은 전쟁이 시작되면 곧 국군이 우리 동네까지 진격해 오리라고 생각하고 있었다. 그러나 이러한 기대와는 달리 북한군의 승전보도가 계속되었고 이러한 전세는 미군의 참전 후에도 변함이 없었다. 그러나 북한 하늘은 UN군이 완전히 장악하여 UN군 전투기가 수시로 북한 하늘을 누비고 다녔다.

한 번은 집에 있는데 하늘 높이 폭격기가 몰려오는 소리가 나서 밖으로 나와 하늘을 보니, 은빛 색의 B-29 비행기 8대가 편대를 지어 파란 하늘을 배경으로 꽁무니에 긴 흰 구름을 뿜으면서 우리 집 위를 지나 흥남 질소비료 공장 쪽으로 날아가고 있었는데 그 모습이 전쟁이 아니었다면 하늘에 수놓은 한 폭의 그림과도 같았다고 할 수 있었다. 잠시 후 그 편대가 한 바퀴 돌아 다시 같은 코스를 따라 날아오더니 흥남 질소비료공장에 대한 폭격이 시작되었다.

흥남 질소비료공장은 그 길이가 10km가 넘는 엄청난 규모의 공장으로 이 공장에서 생산된 비료를 운송하기 위해 대형 선박이 접안할 수 있는 자체 항구를 갖고 있었고, 그 항구는 우리 집 뒤에 있는 작은 동산에 오르면 바다 너머로 손에 잡힐 듯이 한눈에 들어 왔다. 이 항구가 역사적인 1.4 후퇴 즉 흥남 철수작전이 이루어진 흥남 부두이다.

즉 그해 겨울 중공군의 한국전 개입으로 유엔군이 총 후퇴하면서 동해안 방면에서 작전하던 유엔군과 북한 공산치하에서 탈출하려는 수많은 북한 주민들이 이 항구를 통해 철수하게 되었다. 이 항구 뒤로 위치한 거대한 공장을 폭격하는 B-29의 폭탄이 낙하하기 시작하였다. 공기층을 가르는 세찬 소나기 같은 소리가 나더니 이어서 귀를 찌르는 것 같은 엄청난 폭음과 함께 뒷산 너머로 마치 잔잔한 호수에 돌을 던졌을 때 생기는 물 파도와 같은 공기 파도가 반원을 그리면서 하늘을 향해 올라가는 것이 보였다.

그날 이렇게 8대로 구성된 B-29 편대가 8번 되풀이하면서 폭격을 하였으니 결국 64대의 B-29가 이 폭격에 투입된 셈이다. 이 폭격으로 당시 동양뿐만 아니라 세계적으로도 그 위용을 자랑하던 흥남 질소비료 공장은 불과 10분도 안 되는 사이에 완전히 폐허로 변하였으니 참으로 가공할 B-29 폭격의 위력을 보여주는 순간이었다. 이 비료공장은 일본이 만든 공장인데 그때 떠도는 소문으로는 당시 북한에 주둔한 소련군이 이 공장의 중요시설을 자기네 나라로 가져감으로써 이미 몸살을 앓았는데 이 폭격으로 완전히 초토화된 것이다. 나는 집에서 나와 공장이 있는 큰길까지 달려가 보았다. 폭격으로 부상당한 사람들은 물론 많은 성한 사람들도 극도의 공포 속에서 정신이 멍하여 이리저리 뛰어다니는 공포의 현상이 벌어지고 있었다.

지상에서 북한군의 남진은 계속되어 대전이 함락되고 대구도 위태로웠다. 북한방송은 이승만 정부의 몰락은 시간문제이며 한반도의 적화통일이 해방 기념일인 8월 15일 이전까지 이루어질 것이라고 연일 보도하였다. 그러나 개전초기 노도같이 밀려온 북한군을 낙동강 방어선에서 저지한 UN군이 인천 상륙작전으로 적의 후방을 강타함으로 전세를 일전시켰다.

높은 간만의 차 등, 인천이 갖는 자연적 악조건 때문에 인천 상륙작전에 대한 많은 반대가 있었으나 UN군 총사령관 맥아더 장군이 이 작전을 성공적으로 수행하고 이어서 서울을 수복함으로써 그의 군인으로서의 명성이 정점에 달했다. 맥아더 장군은 한국전이 곧 종식되어 한반도의 미군은 크리스마스를 고향에서 가족과 같이 보낼 수 있을 것이라는 장밋빛 전망까지 내놓았다. 당시 미국 워싱턴 일각에서는 중공군 개입 가능성에 대한 우려의 목소리도 있었으나 맥아더 장군은 그런 가능성을 일축하였다. 중공군이 개입하려면 벌써 해야 했고 전쟁의 종말 단계인 지금은 중공군이 개입하기엔 이미 때를 놓쳤다는 것이 그들의 주장이었다. 한반도의 통일이 눈앞에 보이는 것 같았다. 그러나 맥아더 장군의 예측과는 달리 우려했던 중공군의 참전, 그것도 엄청난 규모의 참전 사실이 알려지면서 그간 희망에 들떴던 반공 북한 주민들 사이엔 무서운 불안감이 감돌기 시작하였다.

북한에 은밀히 침투한 중공군의 기습은 통일을 눈앞에 둔 유엔군의 전세를 일시에 바꿔 놓았다. 동부에서 장진과 동해안을 따라 진출한 미 10군단과 서부에서 평양을 탈환하고 북진하던 미 8군은 중공군의 압력 앞에서 주춤하더니 힘없이 후퇴하기 시작하였다. 때는 엄동설한으로 북한의 그해 겨울은 유난히도 추웠다. 유엔군은 일찍이 경험하지 못한 북한의 혹독한 추위, 길어진 병참선(보급로), 그간 전투에서 누적된 피로감 거기에 맥아더 장군이 Fresh Army라고 표현한 전투의 피로감이 없는 싱싱한 중공군의 기습공격까지 당하는 등 전투의 모든 악재를 한꺼번에 받은 것이다. 동부의 유엔군은 후퇴작전을 하면서 흥남 항구로 집결, 그곳에서 배로 철수하게 되었다. 이때 흥남 항구를 향해 밀려온 것은 군인뿐이 아니었다. 공산정권을 벗어나려는 엄청난 수의 북한 피난민들도 꼬리에 꼬리를 물고 유엔군을 따라 남쪽으로 내려와 그들 역시 흥남 항구로 모여들고 있었다.

유엔군의 불리한 전황이 입에서 입으로 전해지면서 앞날에 대한 불안감이 우리들 주변까지 퍼지자 우리 동네에서 공산당에 반대하는 사람들은 서호항에서 개인 배를 타고 남쪽으로 내려올 준비를 서두르고 있었다. 우리와 가까이 지내던 동네의 한 분이 우리에게 남쪽으로 가는 배가 있으니 그 배를 타고 같이 가자고 하여 그들과 동행하기로 했다. 그때 우리 집에 있었던 가족은 작은 누나와 매형, 조카 넷, 그리고 나, 모두 일곱 사람이었다. 어머님과 형수님은 장진에서 요양 중인 큰형님과 함께 계셨다.

당시 수복된 북한에 대한 대한민국의 행정력은 전무상태로 앞으로의 정세에 대한 정부의 어떠한 발표도 없었으므로 사람들은 제각기 알아서 판단하고 제 살길을 찾아야 했다. 그때 유포된 그러나 근거 없는 소문은 유엔군이 동계작전에 취약함으로 겨울엔 일단 후퇴하였다가 내년 봄이면 다시 북진하여 돌아올 것이니 겨울 몇 달만 참으면 된다는 내용이었다. 일종의 장밋빛 바람이었다.

이 이야기를 쓰면서 내 마음은 찢어질 것 같은 아픔과 죄책감을 느낀다. 그것은 매형과 나는 떠도는 소문을 믿고 누나와 어린 조카들을 두고 우리 둘만 떠나기로 한 것이다. 그것은 앞에서 말한 대로 몹시 추운 겨울에 어린아이들(제일 큰 조카가 7살이고 그 밑으로 거의 연년생이었음)을 데리고 피난길에서 고생하느니 내년 봄에는 유엔군이 다시 올 것이니 집에 있는 쌀과 준비된 김치를 먹으면서 기다리는 것이 좋겠다는 참으로 세상을 몰라도 한참 모르는 멍청한 생각에서였다. 이렇게 결정한 매형과 나 둘은 나머지 가족을 남겨둔 채 우리가 타고 갈 배가 있는 서호 항으로 가기 위해 집을 나섰다.

앞서 말한 대로 당시 절대다수의 북한 피난민들은 흥남 항구에서 미군 선박을 타고 남으로 왔지만 많은 서호 사람들은 개인 배를 타고 남으로 내려왔고 매형과 나도 그중의 한 사람이다. 길에는 이미 피난 떠나는 사람으로 꽉 차 있었다. 우리도 그들 틈에 섞여서 배가 있는 항구를 향해 가고 있었는데 약간 높은 언덕에서 피난민을 내려다보던 한 사람이 우리를 불렀다. 옷차림을 보니 북한 사람은 아닌 것 같았는데 그 사람이

다짜고짜 우리를 심문하는 것이다. 이유는 우리 매형이 이남에서 들어온 사지 바지를 입고 있었는데 이것을 트집 잡았다. "당신은 군복을 입고 피난민 속에 끼어 있는데 무엇 하는 사람이냐? 혹시 군인으로 위장한 빨갱이 첩자가 아니냐?"는 것이다. 우리는 그때 처음으로 당시 남한에서 들어와 북에서 인기가 있었던 이 사지바지가 미군 군복이라는 것을 알았다. 우리의 설명을 듣자 그 사람은 우리에게 집에 가서 다른 옷으로 바꿔 입고 가라는 것이었다. 우리는 급히 다시 집으로 돌아왔다.

그런데 그사이에 누나는 두려웠는지 아이들과 같이 사상이 친북성향이어서 피난 가지 않고 있던 우리 앞집에 가 있었다. 이때 나나 매형이 조금만 더 생각했다면 누나와 조카들을 데리고 올 수 있었을 것이다. 그리고 누나도 같이 가겠다고 나서야 했는데 마음이 순한 누나는 그러지를 않았다. 하나님이 주신 마지막 기회였는데 우리는 그것을 잡지 못했다. 매형은 바지를 갈아입고는 그대로 우리 둘만 떠났다.

나중에 우연한 기회에 들었는데 그 후 작은 누나는 상황이 심각하니까 아이들을 데리고 피난 나오고자 추운 겨울 날씨에 흥남부두에 나왔다고 한다. 그러나 헤아릴 수 없이 많은 피난민과 엄청난 추위에 언제 떠날지 모르는 미군 선박 앞에서 결국 누나와 조카는 기다리다 추위에 못 견뎌 다시 집으로 들어갔는데 그날 밤 미군 선박이 떠났다는 이야기다. 우리 집과 배 타는 장소와는 약 3~4km의 거리가 있었다. 이 이야기가 어느 정도 신빙성이 있는지는 알 수 없지만 그러나 이 이야기를 들었을 때 그리고 그 후 우리 작은 누나와 어린 조카들을 생각할 때마다 미안하고 불쌍한 생각, 그리고 죄책감을 무엇으로 표현하겠는가?

매형과 나는 서호항의 배 있는 곳에 도착하였다. 우리가 타고 갈 배는 한 어선이 예인하는 바지선(이북에서 '데구리 배'라고 부름)이었는데 바지선에는 무엇인지 모를 많은 화물이 적재되어 있었고 그 위에 두꺼운 포장용 캔버스가 덮여있었다. 부녀자들은 배 안에, 그리고 나와 같은 젊은 남자들은 그 캔버스 위의 적당한 곳을 찾아 자리를 잡았다. 얼마 후 모든 준비를 마친 배는 서서히 움직여 부두를 이탈하기 시작하였다. 우리 모두는 하나같이 배에 서서 멍하니 멀어져 가는 고향산천을 바라만 보고 있었다. 졸지에 정든 집과 고향을 등지고 미지의 세계로 떠나는 피난민의 신세가 된 것이다.

서호를 떠나면서 나는 그동안 선망하던 한국으로 간다는 기대도 있었지만 상황이 호전되면 서호에 다시 돌아오리라고 생각하였다. 그것도 막연하나마 가까운 장래에 다시 오리라고 생각하였다. 그러나 이것이 생전에 영영 다시 못 올 고향과의 영구 이별의 피난길이 되리라는 생각은 하지 못했다. 여기서 한마디 하고 싶은 말은 얼마 전 KBS 다큐멘터리에 나온 좌편향 종북파 인사가 당시 북한 피난민들이 남으로 내려온 것은 북한 공산당이 싫어서가 아니라 미국이 곧 북한에 원자무기를 사용할 것이라는 소문이 돌았기에 살기 위해 고향을 떠난 것이라고 하였다. 아직도 당시의 피난민들이 많이 살아있는데 이렇게 방송에 나와 거짓말로 진실을 왜곡하고 국민을 호도하는 종북파 인사들의 언동에 분노를 금할 길 없었다. 당시 우리 피난민들은 원자무기 사용 운운에 대해선 들은 적도 없었으며 모두가 하나같이 자유를 찾아 대한민국에 왔음은 두말할 나위도 없다.

배가 항구를 떠난 후 날은 곧 어두워졌고 우리가 탄 배는 춥고 파도가 높은 캄캄한 겨울 바다 해안가를 따라 남으로 내려갔다. 파도가 바지선을 치면서 부서진 바닷물이 바지선 위에 떨어지면 곧 얼음으로 변했다. 나는 가급적 파도를 피할 수 있는 곳에 추위로 몸을 웅크린 채 자는 둥 마는 둥 하는데 사람들의 고함에 육지 쪽을 보니 큰 불길이 일어나고 있었다. 사람들은 저곳이 원산(元山)이라고 하였는데 아마도 그곳에서 전투가 벌어지고 있었던 모양이다. 그리고 또 얼마 지났을까 이번에는 우리가 탄 바지선에 물이 샌다는 한 여인의 비명이 들려왔다. 바지선 밑에 바닷물이 고인 것이다.

나는 순간적으로 바지선이 바다에 빠지게 되면 아무 나무 조각이라도 잡고 육지로 헤엄쳐 가야 산다는 생각이 뱃멀미로 기억이 몽롱한 나의 머릿속에 떠올랐다. 이 비명소리에 바다 고기잡이로 뼈가 굵은 남자들이 어디냐고 소리를 지르면서 바지선 안으로 들어가는 것 같았다. 그리고 잠시 후 배 밑에 고인 물은 배 밑창에서 스며든 바닷물이 아니라 파도가 배 위로 넘어 들어오면서 일부는 얼고 일부는 밑으로 흘러 배 밑에 물이 고인 것으로 확인되어 모두들 안도의 숨을 쉬었다.

그렇게 밤을 새워 다음 날 아침, 배는 38선을 넘어 대한민국 동해안의 묵호항에 입항하였다. 여기가 대한민국이다. 나로서는 처음 보는 남한 땅이었다. 날씨는 쾌청하였고 파도도 많이 잠잠해진 것 같았다. 배는 계속 남으로 항해하기 위해 묵호항에서 유류보충 등 필요한 준비를 하는 것 같았다. 항구에는 다른 어선들이 제법 있었는데 어떤 배에서 남자들이 술을 마시면서(나중에 알았지만) '신라의 달밤'을 부르는 소리가 들려왔다. 그때가 전쟁의 와중이지만 크리스마스 목전이었으므로 어부들이 한잔하는 모양이었다.

우리 배는 묵호항을 나와 다시 남으로 항해하여 다음에 도착한 곳이 울산의 장생포라는 곳이었다. 지금은 큰 공업 도시지만 그때는 하나의 시골 어촌이었다고 생각된다. 그러나 그곳에는 당시 미군 병참 부대(중대)가 있었다. 배에서 내려 지형을 답사하고 돌아온 한 사람이 모두에게 말하였다. 여기는 미군 부대가 있어 일자리가 있으니 이곳에서 일하기를 원하는 사람은 내리고 나머지 사람들은 피난민 수용소가 있는 거제도로 갈 것이라고 하였다. 나와 매형을 포함한 많은 젊은이들이 이곳에서 하선하였고 대부분의 노인들은 그대로 배를 타고 거제도로 갔다.

장생포에 내린 우리들은 방을 하나 얻어 여러 사람이 같이 지내기로 하였고 나는 다음 날부터 일자리가 있다는 미군 부대 작업장으로 나갔다. 미군 부대 일은 휘발유 드럼을 굴려서 LST에 싣는 일이었는데 이렇게 나의 대한민국에서의 첫 생활이 시작되었다.

아즈땅(아사달)에서 온 맥 족들의 말 〈NAHUATL〉

이규조

8년 만의 귀국이라 며칠 전부터 부산을 떨었다. 비행기가 이륙하자마자 깊은 잠에 곯아떨어진 모양이다. 눈을 뜨니 기체는 벌써 캐나다 국경을 넘어 알래스카를 훨씬 지나 앵커리지 서북방의 북태평양 해상을 부산히 나르고 있었다. 내비게이터 상에는 황록색 로프띠를 앞뒤로 깔아 놓고 그 위를 미끄러지듯 길을 재촉하고 있다.

벌써 서북향 하늘에는 캄차카 반도가 보이는데 그곳까지 알류산 열도가 징검다리모양으로 연이어 깔리어 있다. 참으로 징검다리가 따로 없구나 싶게 어쩌면 바윗돌을 뿌려놓은 품이 얼마나 가지런한지 영락없는 징검다리다. 이 다리를 두고 안 넘을 사람이 과연 있을까?

캄차카 반도는 오호츠크 해를 서쪽에 품고 있는데, 서북부 굽어 내리기 시작하는 곳에 에뱅끼 족(우리의 옛 동옥조)이 자리 잡고 있었다. 이 에뱅끼 족은 고사하고 요동지방의 예맥의 맥 족이 동북방의 아무르 강 유역으로 이동, 이곳의 고리 족과 합류한 때는 만여 명이 춥지 지방을 거쳐 캄차카에서 이 징검다리를 타고 북미주로 유입했다는 것이다.

과연 이 징검다리를 놓아두고 안 넘어간 사람들이 살고 있는 안갈리틀(Angallytl)이라는 곳이 캄차카반도의 남동단, 알류산 열도가 시작되는 곳에 있는데, 이곳에서 배를 타고 떠날 때 몹시 망설인 나머지, 뒤에 처진 사람들을 가리키는 말이라 하였다.

이곳에서 떠났다가 네 번이나 돌아오고 다섯 번째 떠났으며 많은 사람을 뒤에 남기고 왔다는 Aztec 사람들의 말이 전해지고 있다. 하지만 이 매혹적인 징검다리의 유혹을 쉬 뿌리칠 수 없어 피를 나누고 같은 말을 쓰던 우리 선조들을 불러들였던 모양이다. 이들은 3세기에서 7세기 사이에 가장 많이 건너왔으며 12, 13세기 까지도 계속된 모양이다.

인디언들은 우리의 풍속을 많이 지니고 있지만, 무엇보다도 Herman Cortez가 1521년 Aztec 제국을 멸망시킨 후 스페인왕국이 파견한 학자, 신부들이 수집, 편집하여 사전에 수록한 우리말은 부인할 수 없는 우리와의 연관성을 뒷받침하며, 역사적인 화석으로 증언을 계속해 줄 것이다.

NYU의 인류학 교수는 Aztec 종족이 멕시코 서북부 즉 Arizona와 New Mexico에서 이주해 온 것으로 말하고 있지만 유독 알류산 열도에서 발견되는 온돌과 금속 칼 종류(그곳을 건너간 사람들이 주고 갔다는)와 그들의 문화적 언어적 유산 등으로 미루어 이러한 주장엔 무언가 석연치 않은 점이 있다. 이제 남북미 도처에서 발견되는 우리말의 편린을 보며 고대 우리 민족의 강역의 너비를 가늠해 본다.

다음에 예거한 단어들은 1,600년에 편찬한 Nahuatl-Prench 와 University of Texas Nahuatl-English Dictionary에서 발췌한 우리 어원을 갖는 말들이다.

MAIZTLACOA : (메다꼬아) 씨름에서 메다꽂다.

Maztlacoa〉maztlacoh

* -v.t.-., lutter contre quelqu'un (누구를 상대로 씨름한다.)

Quinmaztlacoa, il lutte contre eux-he fought them.

그가 그들을 상대로 씨름했다/싸웠다.

*-recipr., lutter les uns contre les autre.

이편과 저편이 씨름하다.

Titomaiztlacozqueh titoneneuhcahuizqu도, nous lutterons les autres.

MALACAANIA

Malacaania〉malacaanih (말아가니아〉말아가니)

*-v.t. tla -., tendre(le fil) autour de fuseau - she stretches

(the thread) about the spindle. 실을 방추둘레로 끌어준다.

MALACACHIHU:

* malacachihui〉malacachiuh(마라카치워)

* -v.t..s'arrondir. 자동사 말다.

독. Sich runden. SIS 1950.294

영. to revolve. R. Andrews Intro 451

Malacachihui, il s'arrondit-it becomes like a spindle whorl.

(방추모양 둥글게 된다.)

Malacachiuhtihui, elle va en s'arrondissant-he went becoming round-Er geht sich runden 통통하게 살찌다.

Est dit de la Lune. Sah 7.3. 달이 둥글어지듯.

MALACACHOA: (말아가져와)

Malacachoa>malacachoh

* -v.t., encercler, 두른다.

Tourner une chose circulairement, abour.

(어떤 것의 둘레를 둥글게 두른다.

Encouler. 감는다. Launey introd 199

서., Volver algo al derredor (M) 어떤 것을 둘레로 돌린다.

영., to turn. revplve (K)

TACALOA: (다갈러)

Tacaloa>tacaloh

* -v.t. tla.-., creuser faire de trous. (파서 구멍 내다)

TAMACHO

Tamacho : (다마쳐) = 아버지로 생각하고

* -v.t. impers., on le considere comme un pere.

Sah6.73 (tamacho)

TAHMATI: (다맞이)

Tahmati>tahmach (다맞이)

* -v.t. te., tenir quelqu'un pour son pere.

어떤 이를 그의 아버지로 맞이한다.

TAHTALANO: (다달아노아)

Tahtalanoa>tahtalanoh,

* -v.t. te-., faire que quelqu'un grossisse(불어나게 하다)
Tatahtalanoa, elle fait grosser-it enlarges one.
(다 달아 놓아 크게 만든다.)

TACANALTZICTLI: (다가날칢들이)
Gomme sauvage 야생 껌
Ang., wild chickle 야생 칢끌껌

(1) in tepetzictli tecanaltzictli ahnozo tacanatzictli, la gomme des montagness ou gomme sauvage-the mountain chicle or wild chickle. Sah 10,90 tacanaltzictli

TACALIHUI: (다갈리휘)
Tacalihui〉tacaliuh (다갈리휘〉다갈리어)
* -v.i,tia-., etre dechire. meurtri par un coup qu'on a recu(s) = 갈라진다. 일격을 받아 상처가 난다.
Esp., estar degarradeo, lastimado por un golpe ricibido.(52)

TACALOA: (다갈라)
Tacaloa〉tacaloh. (다갈러아.더갈러)
* -v.i., creuser, faire des trous.(파서 구멍을 만든다.)

ICUILLI, twisted one (from IHCUIYA: TLA).
see ihcuillotl 이귈리(이귀여) 이글러지다 참조

MAHUIZALHUIA : (마휘잘휘아=매우잘휘어)

Mahuizalhuia〉mahuizalhuih

* -v.bitrans.tetla-., render quelq'un merveilleux. (어느 누구에게도 잘해준다.)

MAILOCHTIA: (매로치어=매로쳐)

Mailochtia.mailochtih

* -v.refl., etre doux. modere en corrigeant, reprimer avec douceur. (가벼운 매로 다스린다.)

일제의 주권침탈(1876~1945)

〈장손훈련, 창씨개명, 이리(裡里)역 및 항복방송(1945.8.15)〉

이금휘

우리 부부는 이곳으로 10년 전 이사했다. 1960년대 초에 남남으로 도미해 아이오와 및 일리노이 주에서 각자 공부할 때 친구의 소개로 만나서 결혼하고 그 아래 주인 미주리 주에서 직장을 얻어 두 아이 낳고 1992년 한국으로 귀향할 때까지 거기서 살았다.

내가 출생했을 때(1935)는 일제의 주권침탈 말기여서 시골(김제군 만경)에 사는 사람들은 어려운 시절을 보냈다. 맏아들로 태어나서 당시 관습대로 4대가 같이 살았다. 마침 아버지가 철도(裡里역)에 취직이 되어 부모가 이사했어도 장손이라는 이유로 홀로 종가에 남아 계모 할머니 손에서 컸다.

그래서 가장 오래된 어머니 기억은 동생의 해산달에 큰집에 돌아온 때이고 해산의 전 과정을 목격하는 충격적인 장손훈련의 첫 과정을 거쳤다. 고아 아닌 고아의 신세가 된 내가 부모가 그리워 무척이나 운 것 같다. 지금 생생히 기억나는 것은 할아버지가 안방 벽장에서 과자를 꺼내서 나한테만 자주 주었는데 우는 나를 달래려고 준비되어 있었던 것 같았다. 그 시기에 이미 충치 때문에 맛있고 딱딱한 것은 할머니가 미리 씹어 입에서 입으로 건네주었고 지금까지도 치과 신세를 면치 못하며 살고 있다.

장손훈련은 그뿐이 아니다. 사랑채에 거처한 증조할아버지의 병세가 위독해지자 본채 안방으로 옮기고 할아버지와 나는 옆에서 잤다. 며칠 뒤 주위가 소란해서 자다가 깨어보니 동네의 의원도 와 있었고 증조부가 호흡중단 상태인 것도 목격했다. 모두가 울고 있었는데 그 영문을 몰랐으며 증조부가 '돌아가셨다'는 말에 더욱 의아해하는 나에게 '돌아가셨다'는 것이 비를 피해 앞 토방에서 뒤 토방으로 갈 때 처마 밑을 따라 '돌아감' 같은 것이 아니고 '죽었다'는 뜻이란 설명을 들었다. 아이들이 잡은 개구리나 잠자리처럼 사람도 죽는다는 것을 처음으로 알게 되었다.

이같이 장손인 덕에 인간 출생의 첫 목격뿐 아니라 죽음의 장엄(?)함도 아주 어린 나이에 배운 셈이다. 그러나 그 장례식 때문에 어머니도 만날 수 있었고 겨우 아장아장 걷기 시작한 동생과 노는 재미로 장례식이 즐겁기만 했던 기억이 난다.

막내 고모가 5세 연상이고 입학했으니 나를 데리고 학교에 다닐 수 있었는데도 증조부 사망 이후 새 호주가 된 할아버지가 도시(이리)의 학교가 훨씬 좋다고 하시며 나를 부모한테 보냈다. 그때 '조선인 모두 일본식 성(氏)을 만들어(創) 이름 바꾸라(改名)'는 창씨개명이 시작됐고 한일합방 이후 그런 창씨를 계속 금지해 왔던 것과 정반대의 명령이다. 우리 집안이 마지막까지 버텼는데 경찰이 직접 찾아와 즉각적 창씨를 강요해서 만경의 할아버지와 20리 떨어진 김제의 작은할아버지가 틀린 성을 갖게 되었다.

부모의 집에서는 동생은 안방에서 엄마와 자고 나는 옆방에서 혼자서 잘 잤으며 책상 위에 물 주전자, 맛있는 것이 항상 있어서 아주 행복했다. 어머니가 틈나는 대로 일본어를 가르쳐주고 입학한 이후 집밖에서 쓸 다른 이름이 잘 나오도록 숙달시키고 또 장 보러 갈 때 나를 데리고 일본인 지역을 지나가며 쉬운 일본어의 간판이나 광고로 읽기 연습도 하였다. 돌이켜보면 할아버지가 교육의 질뿐만 아니라 창씨개명으로 예상되는 미래에 대비하여 나를 신흥도시로 보냈다고 생각된다.

나는 일본의 진주만 기습공격으로 태평양전쟁이 시작된 이듬해 봄에 초등학교에 입학했다. 당시 이리에 초등학교가 둘 뿐인데 '보통학교'(조선 학생용) 및 '소학교'(일본 학생용)이던 것이 창씨개명을 실시할 때쯤에 '국민학교'라는 이름으로 바뀌었다. 철길 동쪽의 역 건물에서 가까운 부분이 일본인 지역인데 거기에 일본학교가 있고 동쪽 변방의 조선사람 지역에 우리 학교가 있었다. 창씨개명이 원서제출의 조건이었으며 일본말 시험도 보도록 했으니 우리끼리 5학급의 자리를 경쟁하였다. 그 당시에 고등과(7~8학년)까지 있는 아주 큰 학교인데 조선 사람인 교원이 불과 3명뿐이었다.

나의 1~4학년 담임선생은 모두 일본인이었다. 지금 생각나는 학년별 특기사항들을 아래에 나열한다.

1학년: 앞문 벽의 태평양지도 위에 일본군이 점령한 곳(싱가포르 등)에 일장기 꽂기, 학급사진 못 찍음.

2학년: 학년도 중간쯤에 태평양지도를 없앰(진격부진?), 출신환경 좋고 조선인 깔보지 않는 온화한 담임, 농번기 모심기에 동원됨.

3학년: 음악을 좋아하는 담임(풍금의 여러 화음으로 일본전투기와 미국 폭격기의 소리를 가려내는 연구수업, 매주 새 군가 배우기 등), 군사적 기름을 위한 솔뿌리 캐기에 동원됨, 일본에 미국 폭격기 나타나면 한반도에는 경계경보 발령하고 우리를 귀가시킴.

4학년: 처음으로 남자담임(관동군 제대자); 일본 귀국에 앞서 급우 전원이 집합하기 원했고 "여러분, 조선의 장래를 위해 열심히 공부하세요."라는 감격스러운 고별사를 했다.

해방의 날에 등교 후 조금 뒤 공습의 경계경보가 발령되어 귀가하였고 역의 대공포화 부대 연락병이 우리 마루에 앉아 라디오를 듣고 있었다.

정오에 천황의 방송이 시작되자 연락병이 마당으로 내려가 무릎을 꿇고 모자를 벗고 허리에 찾던 긴 일본도를 풀어 옆에 가지런히 놓고 흐느껴 울기 시작하였다.

---

(1) 강화도조약(1896)이 최초의 한일수호조약으로써 병력을 수반해서 강압적으로 이뤄진 불평등 조약이며 우리 주권침탈의 시작이다.

(2) 일본에 가장 가깝고 그들이 잘 아는 유라시아 대륙의 문화선진국인 조선(1910)보다 먼저 식민지가 된 대만(1895)과 사할린(1907) 섬사람들은 창씨개명을 시키지 않았다.

(3) 조선 이리(裏里)는 익산 고을의 작은 주막 촌이었는데 호남선 개통으로 생긴 역과 도시를 뜻과 음이 같은 이리(裡里)로 바꾸어 써서 차별화하게 되었다.

(4) 일본군이 태평양에서 후퇴를 시작하고 미군의 일본폭격도 시작되자 대공포화 부대가 이리역 방어를 위해 배치되었는데 철길 서쪽의 경계선에 있는 우리 동네 능선의 고도가 제일 높았기 때문에 포대의 위치로 선택되었다. 공습의 경보/해제는 라디오를 통해서 방송되었다. 우리 집이 포대에 가깝고 라디오가 있어서 경보발령만 있으면 포대의 연락병이 우리 마루에 앉아서 대기하였다.

제 5 부
살며 생각하며

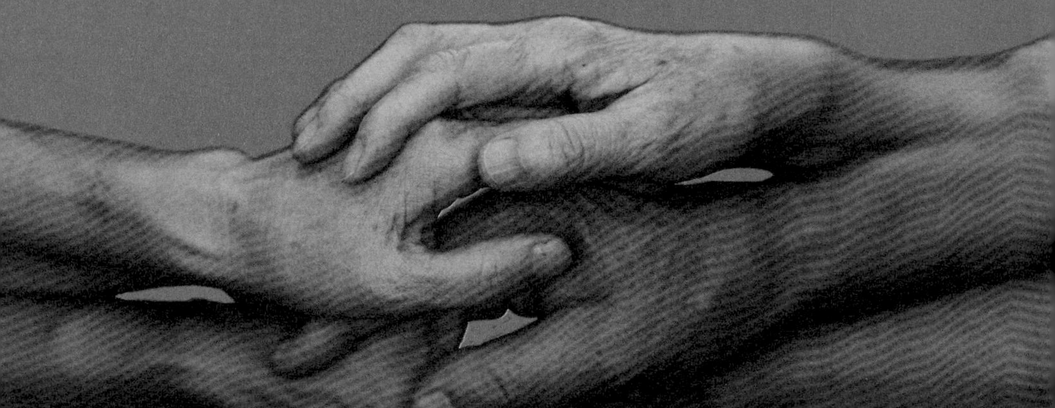

LWV Laguna Woods Village

아름다운 동행

커피 한 잔을 마시며

고정자

"언제 커피 한 잔 해요."

"그래요."

"다음에 우리 점심이나 같이해요."

"그럽시다."

다정한 사람을 만나면 입에서 저절로 나오는 인사말이다.

그저 인사치레로 했건 어쨌건 이처럼 우리는 먹고 마시는 것으로 인간관계를 시작한다.

커피! 왠지 말만 들어도 좋다.

그 속에 사랑하는 이의 미소가 어려 있다. 그 속에 정겨운 대화가 흐른다.

커피 한 잔!

비는 주룩주룩 내리는데 빗속을 헤치고 나타난 그 사람,

커피 한 잔의 짧은 대화를 위하여 바람처럼 찾아온 그 남자,

나의 활짝 핀 웃음이 그대로 움직이는 해바라기 꽃이다.

"감미로운 향기, 행복해지는 그윽한 그 맛"

커피 같은 사람, 할 말은 없어도 함께 하고픈 사람,

그 속에 낭만이 숨 쉬고 삶의 여유와 운치가 스며있지 않았던가.

커피는 원래 쓴맛이다. 그런데 그 속에 숨겨진 부드러운 신맛과 진한 맛이 묘한 여운을 남긴다. 게다가 카페인 성분은 마음을 안정시켜 준다. 그러나 무엇보다도 기분 좋은 사람과 마주하면 커피 맛도 살아나고 마음조차 따뜻해지기 마련이다.

커피는 커피 자체의 특유한 향과 맛으로 친화력이 물씬 풍긴다. 나는 살그머니 코를 자극하는 진한 커피 향이 그렇게 좋을 수 없다. 속된 말로 "그 냄새 죽인다!"라는 말이 나도 모르게 흘러나온다. 어쩌면 우리는 커피를 마시지만 실은 따끈한 인정을 마시고 대화를 음미하고 있는지 모른다.

누가 커피 향을 '악마의 유혹'이라 했던가!

커피야말로 교황 클레멘트 8세로부터 세례를 받은 음료이다.

아! 커피가 얼마나 달콤한지,

천 번의 키스보다 사랑스럽고,

머스커텔 와인보다도 부드러워,

아! 아! 아! 커피의 맛이 얼마나 달콤한지.

커피 예찬의 노래, 요한 세바스찬 바흐의 카페 칸타타(kaffee kantate)가 너무 튀는 것 같지만, 나의 마음을 흔들어 놓는다.

"커피는 악마와 같이 검고, 지옥같이 뜨겁고, 천사와 같이 순수하고, 키스처럼 달콤하다."고 작가 탈레랑은 예찬했다.

"시인에게 영감, 음악가에 악상, 철학가에 진리, 정치가에 평등을 전하는 커피"라고 극찬했던 르네상스 시대는 커피는 자유와 예술의 상징이었다.

커피는 칸트에게 사색의 연인, 괴테에게 명상의 길벗, 고흐에게는 방황의 삶에서 구원의 동반자였다. 칸트와 베토벤은 아침 식사를 커피로 대용했고 나폴레옹은 커피가 없으면 일어나지 않았으며 고흐는 며칠 동안 커피만 마신 적도 있다.

나는 커피를 마시며 음악을 감상하고 독서를 즐긴다. 커피는 사색의 문을 열고 추억을 부른다.

커피는 세상에서 가장 많이 팔리는 음료 중의 하나다. 또한, 세계에서 가장 비싼 코피 루왁(kopi Luwak)은 말레이 사향고양이가 커피 열매를 먹은 후 소화과정에서 효소에 의해 향미가 가미되어 배설한 커피콩으로 만든다고 한다.

카페 마치아토는 얼룩진 커피의 뜻으로 커피에 우유를 조금 떨어뜨린 것이다. 카푸치노는 검은 커피에 우유의 거품이 적당히 배합된 것이고, 라테 마치아토는 우유에 커피를 한 방울 떨어뜨린 것, 카페에라테는 밀크커피이다. 카페 코레토는 커피에 술을 섞은 것이고 비엔나커피는 커피에 우유 대신 생크림을 듬뿍 탄 것이다.

종이 필터로 기름 성분과 에센스를 흡수시킨 드립(Drip) 커피가 좋다. 카페인 섭취량에 따라 편두통이 오는 사람은 한 방울의 커피도 마시면 안 된다고 한다.

미국인들의 약 85%가 하루 평균 두 잔의 커피를 마신다고 한다.

모닝커피로 아침을 열고 저녁 식탁에 한 잔의 커피로 하루가 저문다.

하루 4잔 이상을 마시지 않으면 부작용보다는 효능이 훨씬 많은 카페인 음료다.

서편에 불그스레한 노을이 지고 어느새 커피 잔이 비워지면 나무숲에는 새들이 보금자리를 찾는다. 이럴 때면 호롱불 여위어 가는 밤, 어머님의 도란도란 옛이야기 들리는 고향 마을이 몹시 그리워짐은 또 어인 일인가?

어머니는 커피를 참 좋아하셨다. 어머니를 추억하면 커피와 성경이 먼저 떠오른다.

"남자는 흙으로 만들었지만, 여자는 갈비뼈로 만들었다. 그래서 여자가 더 값진 이유란다."라고 농을 하시며 본차이나를 꺼내시던 기억, 김이 모락모락 나는 예쁜 커피 잔을 들고 미소 지으시던 모습, 그 자상하신 어머님은 지금 하늘나라에서 무엇을 하고 계실까?

이제 커피 없는 하루는 생각할 수 없다.

우리 부부는 서로 직장 생활을 하면서 퇴근길에 자주 만났다. 거기 커피가 있었기 때문이다. 수많은 날을 커피 잔을 놓고 '기다리는 사랑' '마주 보는 사랑'을 한 셈이다. 그이를 처음 만났던 곳도 분위기 있고 음악이 흐르는 어느 이 층 다방이었다. 비엔나커피를 마시며 입가에 하얀 산타클로스 수염을 보며 서로 웃던 서울 거리의 찻집들이 머리에 떠오른다. 그러니까 우리의 사랑은 커피 사랑이었다.

구름처럼 피어나는 사랑 이야기가 산 너머로 흘러간다. 멀리 있는 가족도 만나고 오랫동안 보지 못한 친구도 커피 잔에서 만난다.

보고 싶은 사람, 그리운 얼굴이 주마등처럼 지나간다. 나는 커피 향처럼 은은하고 커피 맛처럼 그윽한 그리운 노래를 흘러보낸다.

나만의 휴식과 여유, 나만의 공간과 여백, 나만의 사색과 낭만을 즐기고 싶을 때도 커피는 언제나 다정한 친구가 아니었던가.

나의 인생을 아름답고 풍성하게 해주는 커피와 더불어 나의 여생을 동행하리라.

"여보, 커피 한 잔 할까?"

현관문을 열고 막 들어서는 나에게 그이가 던지는 말이다.

'그래, 내 맘을 어떻게 알고, 착하기도 하지.'

나는 오늘도 걷고 나서 커피 한 잔의 추억에 잠긴다.
이런 커피 타임은 나에게 빼놓을 수 없는 가장 행복한 순간이다.

그리운 것 오만 가지

곽병희

"핵죠(학교) 파하면 얼릉(른) 와서 소 풀 멕이러 가거라이"

마당을 나서는 내 뒤통수에 대고 하시는 어머니 이 말씀을 듣고 학교로 향하는 날은 온종일 담장 위의 커다란 호박만큼이나 무거운 걱정에 휩싸여 있어야 했다. 우리 집 황소는 어린 나를 항상 질질 끌고 다녔고 남의 밭 곡식을 휘저어 동네 아지매, 아재들의 항의가 빗발쳤다.

학교에서 돌아와 점심을 먹고 동네 뒤편 잔디밭에 모여 풀 많은 산을 향해 줄지어 가면 다른 소들은 행렬에서 이탈하지 않고 아이들의 고삐에 매달려 졸졸 잘도 따라가는데 우리 집 황소는 무슨 불만이 그리도 많은지 고개를 휘저어 남의 소를 들이받고 싸움을 걸기 일쑤였다. 내 힘으로 도저히 말릴 수 없었다. 나도 몇 번 뿔에 밀려서 내동댕이쳐진 적이 있어 아주 공포스러웠다.

제일 난감했던 것은 시도 때도 없이 순식간에 옆에 있는 암소의 뒤 꽁무니에 두 발로 걸치며 턱 허니 올라타는 것이었다.

"빙이야(병희야)! 느그 쇠(소) 또 헐레한다, 헐레한다."

아이들의 아우성에 힘을 합쳐 고삐를 당겨도 한번 발정한 우리 집 황소를 말릴 길이 없었다. 그런 날은 돌아와서 작은아버지에게 누구 집 소와 정사를 했다는 것을 평소의 말씀에 따라 보고를 하면 "나중에 새끼

(송아지)값 쬐끔(조금) 받아야지" 하시며 소 마구간 옆 벽에 날짜와 그 댁 택호를 적어 두시곤 하셨다. 나는 "황소나 아들을 키우는 집에서는 막말 못 하는 기라."는 어른들의 이 말을 그때는 무슨 뜻인지 몰랐다.

나이가 많은 동네 형이나 아재가 방목할 산을 정해서 도착하면 고삐를 풀고 소에게 자유를 주고 우리는 계곡에서 오후 내내 가재 잡고 물장난에 시간 가는 줄 모르다가 서산에 해가 뉘엿뉘엿 지면 산에 올라 각자의 소를 찾아 하산하고 줄을 서서 집으로 향한다. 한번은 나는 우리 황소를 찾지 못하고 산에서 헤매는 사이 먼저 도착한 아이들의 전갈을 받고 어른들이 몰려왔으나 우리 집 황소는 산에 없었다. 내 탓으로 소를 잃으면 어쩌나 하고 겁에 질려 있는데 밤늦게 작은아버지와 집안 아재들의 손에 쇠 코뚜레를 잡힌 채 커다란 눈을 껌벅이며 황소는 끌려 돌아왔다. 산 넘어 다른 마을에서 찾았단다. 나는 그날 밤에 어머니에게 울부짖었다. "암소로 바꿔 주지 않으면 낼부터 소 풀 멕이러 안갈끼다."

그 여름철에 소나기가 쏟아질 때면 커다란 바위 밑으로 모두 숨어들었다가 비가 뚝 그치고 누군가 "무지개다, 무지개"하고 고함을 치면 우르르 루루 모두 바위 위로 올라가서 아래로 펼쳐진 벌판과 산기슭이 맞닿은 곳에서 솟아오른 무지개를 보고 우리는 흥분에 휩싸여 발을 구르며 손을 들어 환호했다. 쌍무지개가 뜨는 날에는 '재수 좋은 날'이라고 더 가슴이 뛰었다.

지금도 간혹 무지개를 보면 영락없이 고향의 그 시절 동심으로 돌아가 나의 가슴은 설렌다. 윌리엄 워즈워스는 그의 시 [무지개]에서 " 늙어서도 무지개를 보고도 설렘이 없으면 차라리 죽으리라……" 하고 노래했다.

취묵헌 서예지도사

나의 첫 Babysitting

김귀양

이민 초기에는 누구에게나 잊지 못 할 사건들이 많겠지만 나에겐 특별히 babysitting으로 힘들었던 두 달의 세월을 잊을 수가 없다.

30대 초에 3살과 1살짜리 두 딸을 데리고 시댁 식구들과 남편을 따라 태평양을 건너 이민 오게 된 나는 두 아이 때문에 직장을 갖지 못하고 살림만 하고 있을 때였다. 이웃에 사시는 어떤 분께서 한 아기 엄마가 직장을 구하고 아기 봐 줄 사람을 급하게 찾고 있다며 내 의향을 물으셨다. 나는 한 푼이라도 벌어야겠다는 생각도 했지만 3살인 아기라니 우리 아이들과 같이 놀면서 공부도 하면 좋겠다고 생각이 되었다. 소개해 주신 권사님에게 "그 아이를 잘 봐 주겠노라"고 다짐하며 감사한 마음으로 승낙 했다.

Jay는 잘생긴 얼굴에 피부도 희고 키도 다른 아이들보다 목 하나는 더 큰 아주 잘생긴 남아였다. 우리 아이들과 어울려 노는 것도 좋아해서 다행이긴 했지만 걷지를 않고 항상 뛰어다녔다. 뛰어갈 때면 넘어질 것 같이 비척거리는 모습이 여간 불안하지 않았다. 아기를 보는 도중 언제 어떻게 다칠지 모르겠다는 걱정이 생기기 시작했고 급기야는 아무래도 그만두어야겠다는 결정을 하게 되었다. 거의 한 달이 되었을 때 Jay 엄마에게 다른 babysitter를 알아보라는 말을 해야겠는데 미안한 마음에 기회만 엿보고 있던 어느 날이었다.

Jay를 데리러 올 시간이 되어 손과 얼굴을 씻기고 Jay가 가지고 갈 런치박스를 챙겨놓고 보니 10여 분의 여유가 있었다. 조금 남는 시간에 밖에 나가 놀게 하려고 Jay를 데리고 집 앞 잔디밭으로 나갔다. 신나게 그의 특이한 걸음걸이로 비척거리며 잔디밭 끝까지 뛰어가더니 Jay는 가볍게 넘어졌다. 그런데 일어나지를 않고 울기 시작했다. 잔디밭이기에 그냥 넘어져 어린양을 부리느라 우는 것으로 짐작한 나는 대수롭지 않게 생각했다.

"Jay야, 일어나 착하지, Jay는 장사."라며 다가가 일으켜 세웠다. 집으로 안고 들어 와서 그의 엄마가 오기를 기다려 "잔디밭에서 슬쩍 넘어졌는데 계속 우네요."라며 왜 우는지를 설명했다.

Jay 엄마가 Jay를 데리고 집으로 돌아간 얼마 후 Jay가 계속 울어서 병원에 가 X-ray를 찍었는데 정강이에 S자로 금이 갔다는 소식을 알려 왔다. 의사가 "어떻게 넘어졌느냐"고 묻기에 내게서 전해들은 대로 대답을 했다고 한다. 이상하게 생각한 의사는 무거운 것이 떨어지거나 심히 때리지 않고는 S자로 그렇게 금이 갈 수가 없다며 경찰에 신고를 했단다. 내가 보다가 일어난 일이니 잘 봐 주지 못한 미안함과 죄송함이 쥐구멍에라도 들어가고 싶은 심정으로 잠을 이룰 수가 없었다.

다음 날 아침에 아동학대 사무실에서 나왔다는 뚱뚱한 여자 한 명과 정복을 입은 경찰 한 명이 나를 찾아 왔다. 그 사람은 나에게 Jay에 대해 수 없는 질문을 했고 나는 미국의 법적인 과정이나 결과에 대한 아무 지식도 없으면서 얼떨결에 사실대로 대답을 했다. 그 사람들은 Jay 부모와 베이비시터인 나를 계속 검사할 것이며 누구든 아동 학대의 증거가 포착되면 아이는 다른 엄마에게 맡기게 되며 법적인 절차로 처리하게 될 것이라고 했다.

그들은 넘어진 장소가 어디냐고 묻기에 Jay가 넘어져 울던 장소를 알려주었다. 그들은 잔디밭을 샅샅이 뒤지고 검사를 하며 무엇인가 열심히 기록을 했다. Jay의 집에서는 Jay를 머리끝에서 발끝까지 정밀 검사를 하는데 아이의 머릿속에 멍든 자국이 몇 개나 발견되었다고 한다. 한편 다친 아이를 두고 그 엄마가 계속 일을 했다면 그것도 좋지 않은 결과로 인정될 수 있었는데 Jay 엄마는 직장을 쉬고 집에서 Jay를 간호하고 있었기에 아동학대의 의심을 줄일 수 있었다는 소식도 전해 들었다.

나는 그날부터 밥도 먹을 수 없었고 잠도 잘 수가 없었다. 내가 다니는 감리교회의 담임 목사님에게 사정을 얘기했고 기도를 부탁드렸다. 법도 모르고 의지할 곳도 없어 아무 것도 할 수 없는 나는 하나님께 매달려 기도하는 수밖에 도리가 없었다.

Jay는 부부가 결혼한 지 8년 만에 정말 어렵게 얻은 4대 독자 아들인데 검사관들의 결과가 좋지 않게 일단락 짓게 된다면, 아이를 빼앗긴다면, 내가 무슨 낯으로 그들을 대하며 어찌 살아갈 것인가? 생각할수록 눈앞이 캄캄하고 가슴이 조여 심장이 두 방망이질을 했다. 매일 같이 나는 Jay 집으로 전화를 하여 미안하다는 말과 함께 죄인인 양 안부를 물었다. 두 집은 서로 전화를 걸어 그날의 경찰이나 아동 학대 검사관과의 주고받은 내용들을 서로 알려 주며 깊은 한숨으로 하루하루를 보냈다.

미국에 오래 산 시누이는 미국이라는 나라가 그렇게 터무니없는 나라가 아니니 사실대로 결과가 나올 테니 걱정하지 말라며 안심을 시키지만 만에 하나 사람의 일을 어찌 장담할 수 있겠는가? 시누이의 위로가 내 마음에 들어오지 않았다.

Jay의 X-Ray 사진이 과학 수사연구소로 들어갔고 2달 정도 걸려야 결과가 판명된다고 했다. 하루가 여삼추인데 2달을 어찌 기다린단 말인가?

아빠는 걱정하지 말고 우리 아이들이나 잘 보라고 하지만 우리 아이들을 보살필 마음의 여유가 없었다. 착한 두 딸은 나의 괴로움을 눈치로 알았는지 밖에 나가자고 조르지도 않았고 오순도순 집에서 잘 놀아 주었다.

다니엘의 기도를 기억하며 매일 동쪽을 향해 무릎을 꿇고 간절히 기도했다.

"하나님, 내가 죄를 지었으면 감옥에 가서 벌을 받는 것은 상관이 없겠지만 평화로운 Jay의 가정만은 아무 일이 없도록 지켜 주세요. 그 귀한 4대 독자 아들을 빼앗긴다면 그들은 모든 삶을 포기하게 되고 일생을 원망과 원한으로 살게 될 테니까요. 정말 그리될까 봐 겁나고 무섭습니다."라고 한숨을 몰아쉬며 간절히 기도했다.

천근만근으로 무겁고 괴로운 가슴을 치며 하나님께 정말로 간절한 기도를 하지 않을 수 없었다.

착한 두 어린 딸들은 나의 고통으로 인하여 함께 주눅이 든 것 같았다. 안쓰러운 생각이 들어 마당에 나가 햇볕을 쬐며 함께 놀고 있는데 맞은편 아파트에 사는 미국 여인, 쌍둥이 엄마가 아들 하나를 안고 나에게 다가왔다.

바로 전날 아동학대 사무실에서 자기에게 찾아와 혹시 Jay가 넘어지는 광경을 목격했는지 물어보았다고 한다. 그녀는 Jay가 넘어지던 날 두 아들을 밖에서 데리고 놀고 있었는데 건너편에서 놀고 있는 동양인들이 있어 새로 이사 온 사람인가 보다 생각하며 우리 일행의 행동을 주시하고 있었다고 한다.

서툰 영어로 나는 그동안에 있었던 일과 아동학대로 판정이 나면 당해야 하는 법적 문제에 대해 들은 대로 설명을 했고 현재 겪고 있는 마음의 고통이 너무 크다며 하소연을 했다.

그녀는 자기 쌍둥이 아들의 소아과 의사가 정말 좋은 분이며 남편의 친구 되는 사람이니 연락을 취하여 사실을 설명하고 도움을 청할 것이며 자기 스스로 증인이 되어 도와주겠다는 약속을 하면서 너무 걱정하지 말라고 위로를 해주고 돌아갔다. 서툰 영어로 설명을 했음에도 잘 이해해 주었고 나도 그 여자의 하는 말들을 잘 알아들을 수 있어서 얼마나 다행이었던지…… 온 지 4개월 밖에 안됐는데 영어를 정말 잘한다며 격려까지 해 주고 돌아갔다. 지푸라기라도 잡아야 하는 나는 그 쌍둥이 엄마가 나의 구세주라고 생각되었고 일부러 찾아와 사정을 들어 주고, 위로의 말을 해 주고 가는 그녀에게 진심으로 감사했다.

정해진 날짜는 빨리 지나간다더니 결국 괴로움의 2달이 지나갔다. 하지만 나는 10년은 지나간 듯 한없이 긴 세월이었다. 어떤 결과가 나왔을까? 궁금증은 나의 심장을 뛰게 했고 결과에 대한 두려움으로 가슴이 너무나 두근거려서 숨을 쉴 수가 없었다. 드디어 전화벨이 울렸고 나는 큰 숨을 몰아쉬며 마음을 진정시키느라 안간힘을 썼다. 들려오는 검사관 여인의 목소리를 듣는 순간 심장이 멎는 듯했으며 가슴에 찌르는 듯한 통증이 느껴져 왔다. 그러나 결과는 알려주지 않았고 서류를 주기 위해 집으로 오겠노라고 했다. 그 기다리는 반 시간이 얼마나 길게 느껴지던지 몇 년이 지난 것 같았다.

서류를 받아 든 나는 떨리는 가슴을 진정시키며 침착하게 읽어 내려갔다. 경찰 조사에서는 아이가 넘어진 장소에 불쑥 올라온 스프링클러가 장치되어 있었고 아마도 그 스프링클러에 걸려 넘어지면서 금이 갔을 것으로 인정한다고 쓰여 있었다. 그리고 '아이를 학대한 흔적은 없다'라고 쓰여 있었다. 아동학대 사무실에서 조사한 결과로는 Jay의 엄마에게서도 나에게서도 학대의 증거가 없으며 동네의 증인들이 나에 대한

평을 좋게 해 주었다는 내용도 있었다.

온몸이 와르르 무너지는 것 같았다. 밖에 나가 Jay가 넘어진 자리에서 전에는 전혀 보지 못했던 스프링클러를 찾아보았다. 둥근 쇳덩어리가 잔디밭 속에 숨어 있음을 보는 순간 검사관은 왜 그 얘기를 일찍이 말해 주지 않았는지 원망스러웠다. 갑자기 허전함이 몰려오며 그 자리에 주저앉아 나도 모르게 엉엉 울어버렸다. 2달 동안 쌓였던 고통의 응어리를 남김없이 토해내고 싶었다.

진작 그 사실을 알았다면 피를 말리는 극단적인 걱정은 하지 않았을 것 같았다. 얼마 후 남편에게 전화하여 결과에 대해 알렸다. 그동안 걱정으로 정신없이 사는 나를 바라보아야 했던 남편에게 미안함이 밀려왔다. 퇴근길에 시장에 들러 반찬거리를 사 오라고 부탁을 했고 오랜만에 맛있는 된장찌개와 불고기를 만들어 저녁상을 차렸다.

가슴을 짓누르던 무거운 바위가 서서히 굴러 나가고 답답했던 안개가 걷히니 살 것 같았다. 마음이 안정되고 생활이 정상적으로 돌아오자 하나님께 진심으로 감사기도를 드렸다.

Jay가 넘어진 그 자리에 스프링클러가 있었다는 것만 알았어도 그렇게 괴로운 두 달을 보내지는 않았을 것을...... 말해주지 않은 경찰들이 야속하고 속상했지만 그 고통의 대가로 '마음의 평안과 자유 함'이 얼마나 소중한지를 깨닫게 되었으니 그것으로 감사하자며 마음을 달래보았다.

그날 밤 나는 두 딸을 양쪽에 누이고 오랜만에 깊은 잠에 푹 빠져 들었다.

아름다운 초원에서 두 딸과 Jay가 함께 신나게 뛰어노는 모습을 바라보며 평안하고 행복해 하는 꿈을 꾸면서!

사우디아라비아의 추억

김자규

1978년 봄, 나는 평생 천직이라고 생각하고 열심히 일했던 방송국 기자생활을 사직했다. 입사 13년째다. 가까운 친구들과 선후배들은 말리기도 했으나 부인의 애정 어린 성화에 못 이겨 그만둘 수밖에 없었다.

부인은 대학교 때 신문 방송학을 전공하여 나와 같은 직장에서 아나운서로 일하고 있었고 기자에 대한 좋은 이미지를 갖고 있었다. 특히 선거부정을 이유로 닉슨 미국 대통령을 권좌에서 물러나게 한 워싱턴 포스트지의 밥 우드워드 기자를 존경하고 있었다. 부인은 나도 장래에 그와 같은 훌륭한 기자가 되어주길 바라고 있었는지도 모른다.

나는 결혼 후 얼마 동안은 가정생활을 충실했으나 날이 갈수록 귀가 시간은 늦어지고 심지어 술에 취하여 통행금지 시간을 넘는 때가 많았다. 내가 직장에서 쓴 기사도 부인의 눈에는 정부의 시녀 노릇으로 보이는 내용의 기사가 많다고 지적하며 불평과 충고가 계속되었다. 나는 나름대로 이유를 내세워 반박도 해보았으나 설득력은 무력했다.

사직 후 친구의 소개로 새로 구한 직장은 전혀 경험이 없는 건설회사였다. 내가 근무할 회사는 일반 건축과 토목 분야의 회사가 아닌 석유화학 계통의 플랜트 건설회사였다. 나는 해외파견 요원으로 입사했고 6개월간의 교육을 거처 중동의 이란으로 가기로 되어 있었다. 낮에는 회사에서 일하고 밤에는 모 대학, 야간 대학원에서 건설수주에 관한 공부를 하고 있었다. 그러나 이 교육 과정이 끝나기 전에 예기치 않은 일이 생겼다. 이란에서 이슬람 혁명이 일어난 것이다. 이란에 근무하던 외국인 근로자들은 모두 현장을 떠나야 했고 언제 다시 공사가 시작될지는 알 수 없었다. 나는 방송국에서 퇴직할 당시에 한 달 내에는 다시 돌아올 수 있다는 양해를 받았으나 그때는 이미 한 달이 지난 후였다.

나는 그동안 이란에 갈 준비로 바빴었다. 집 정리를 하고 모시고 살던 어머니를 셋째 동생에게 부탁하는 등 모든 준비를 거의 끝낼 즈음이어서 난감했다. 그러던 어느 날 회사 사장님의 호출이 있었다. 사장님은 이란 사태가 정상으로 돌아오려면 시간이 걸릴 것 같으니 사태가 해결될 때까지 사우디아라비아로 가서 지사도 세우고 일감도 수주해 보란다. 나는 달리 방도가 없다고 생각하고 사우디 행을 결심했다.

당시 나는 운전을 못했는데 운전도 하고 부엌일도 할 수 있는 근로자 한 사람을 구해서 그와 함께 사우디로 떠났다. 사우디에서 몇 차례 입찰을 시도했으나 공사를 따기는 쉽지 않았다. 외국인에 대한 사우디아라비아의 방문비자는 석 달이 유효기간이다. 그 기간 내에 공사를 따지 못하면 다시 서울에 들어가서 비자를 재발급 받아 나가야 한다. 그런 과정을 세 번이나 겪고 네 번째 거의 일 년이 다 되어서 천여만 달러의 공사를 수주할 수 있었다. 그때까지도 이란사태는 안정을 찾지 못하고 있어 나는 이제 사우디에 정착해야 하는 신세가 되었다. 부인과 애들은 한 달 후에 따로 사우디로 왔다.

나는 사우디에서 여러 번 공사 입찰에 실패하고 철수하는 모 한국회사 지사의 사무기기 등을 헐값에 인수하여 우리 지사를 세웠다. 나의 가족은 이 지사 건물 2층에 숙소를 마련하여 살림을 시작했다. 사우디는 집이나 사무실에 에어컨이 일 년 내내 돌아가야 살 수 있는 곳이다. 그 당시의 시설로는 날씨가 더워서 낮에 샤워를 하려면 찬물을 구해야 했고 밤에는 물이 차서 물을 데워야 했다. 사우디에 근무하는 근로자들은 일 년 근무하면 평생 흘릴 땀의 양을 다 흘린다고 한다. 당시 사우디에 근무하는 한국인 근로자는 30만 명이 넘었고 수도 리야드에 주재하는 건설회사와 상사의 가족들은 약 500명이었다. 이들을 위해 한국 정부는 수도 리야드에 초등학교를 세우고 한국인 교사들을 파견하였다. 나의 두 아이도 이 한국 초등학교에서 공부했다.

사우디아라비아는 이슬람교 국가이기 때문에 기독교 교회 설립이 불가능했다. 그러나 포교를 하지 않는 조건으로 예배를 드릴 수 있도록 허가해 주었다. 우리는 한국 건설회사 현장에 있는 임시 건물을 빌려서 이슬람 휴일인 매주 금요일에 예배를 드렸다. 이곳 교회에서는 교민들이 여러 가지 생활 정보를 교환하였으며 서로 가깝게 지내면서 외로움을 달랬다.

한국인 근로자와 가족들은 매년 여름 라마단 금식 기간을 이용하여 연차휴가를 가졌다. 이 기간은 약 30일인데 그동안에는 해가 떠서 질 때까지 물과 음료수, 음식 등을 먹고 마실 수 없고 심지어 담배도 피우지 못한다. 식음은 해가 떨어진 이후 밤에만 가능했다.

이슬람 교인들은 알라신의 축복을 받으려고 라마단 기간을 매우 성실히 지킨다. 라마단 단식은 생활이 어려운 이슬람 동족들이 배고픔을 직접 겪어보며 그들의 고통을 이해해 본다는 의미도 있다고 한다.

나와 우리 가족은 이 라마단 기간에 세계 일주 여행을 했다. 우리는 싱가폴 항공과 미국의 노스웨스트 항공이 합작하여 만든 세계 일주 여행 프로그램을 선택하였다. 여행 조건은 처음 떠난 장소로 60일 이내에 돌아와야 하고 비행항로 목적지는 앞으로만 가고 되돌아갈 수 없는 것이었다. 서울 왕복 항공료보다 저렴한 이 여행 티켓은 성인 1인은 미화 1,999달러, 어린이는 성인 요금의 70%로 구입하여 모두 세 번 여행을 했다. 여행 때마다 장소를 바꾸었으며 첫 여행 일정은 사우디아라비아 리야드를 출발, 바레인－로마－베니스－프랑트푸르트－제네바－파리－런던－뉴욕－로스앤젤레스－하와이－도쿄, 그리고 서울까지였다. 서울에서는 가족들은 쉬고 나는 약 일주일 동안 회사에 출근했다. 이후 돌아오는 일정은 서울을 떠나 홍콩－방콕－싱가포르 폴－바레인을 거쳐 최종 목적지 리야드였다. 여행 기간은 30여 일 동안이었다. 그 당시 외국 항공기는 수도 리야드에 기항이 허가되지 않을 때였다.

나는 여행하는 동안에 결혼식 때 부인에게 못 다 해준 혼수 가운데 일부를 해줄 수 있었다. 이태리 로마에서는 핸드백을, 스위스 제네바에서는 시계를, 홍콩에서는 진주반지를 샀다. 나는 집안의 반대에도 불구하고 가난한 기자인 나와 결혼해 준 부인에게 비록 늦었지만 고마움을 전할 수 있어서 기뻤다.

우리 가족들은 여행을 떠나기 약 한 달 전부터, 어느 도시에서 어떤 곳을 볼 것인지 여행 계획을 세웠다. 나는 우리가 했던 세계 일주 여행 프로그램이 세계여행을 하고 싶어하는 라구나우즈 가족들에게 도움이 된다면 좋겠다고 생각했다. 그래서 얼마 전 로스앤젤레스 모 여행사를 통해 요즈음에도 이러한 세계 일주 여행 프로그램이 있는지 문의했더니 없다고 했다. 다만 여행지와 기간 등을 구체적으로 알려주면 맞춤 프로그램을 만들어 줄 수 있다고 했다.

되돌아보니 사우디아라비에서의 나와 가족들의 삶은 하나님의 뜻으로 이루어진 복되고 멋진 추억이었다고 생각된다.

P 교수 영전에

서경선

당신을 처음 만난 것은 1974년이었는지 75년이었는지도 기억되지 않는 오래전 일이었습니다. 당시 당신은 음악대학 교학과 조교를 하면서 대학원에 재학하고 있었고 군 복무를 필 한 뒤니까 20대 후반의 나이었을 것입니다. 당신은 나에게서 석사과정 필수 과목인 서양 음악사를 수강하고 있었습니다. 당시 음악대학의 행정은 매우 열악하여 조교였던 당신은 참으로 어렵게 공부하고 있었습니다.

당신은 대학원(석사과정)을 마친 후 New York으로 유학을 갔고 Mannes School of Music에서 Diploma 과정을 마쳤다는 소식을 전해 왔습니다. 당시 한국의 대학에서는 정원의 30%를 더 입학시켜 졸업에서 30%의 수만큼 탈락시키는 어처구니없는 제도를 시행하게 되었습니다. 전공 실기를 1:1로 수업하는 음악대학에서는 당장 전임교수가 더 필요한 상황이 되었고, New York에 머물고 있던 당신에게 간곡한 편지를 보냈었습니다. 제 편지에 귀국을 결심하여 귀국한 후(후에 당신이 제게 고백한 사실입니다. 다른 사람이 권했으면 귀국하지 않을 생각이었다고), 한양대학교에서 작곡과 교수로 동고동락하는 의미 깊은 시간이 1981년에서 2008년 2월까지 이어졌습니다. 그러나 지금도 미안하게 생각하는 것은 당신이 귀국하던 첫 학기에 저는 Koeln(독일) Musikhochschule에 객원 교수로 떠나 있게 되어 P 교수, 당신께 드릴 말씀이 없었었습니다.

음악대학의 교과과정 개편, 음악대학의 앙상블 수업에 관한 평가 방법, 교수들의 연구실적 평가 기준, 작곡과 전공 실기 과제 개편 등등, 너무나도 많은 행정상, 그리고 교육의 내용에 관한 대폭적인 개혁이 이루어져야 하는 시기가 도래했고, 우리는 정말로 열심히 심혈을 기울여 이 모든 일들을 해결해 나가고 있었습니다. 음악대학의 이런 일들은 작곡과 교수들이 중심이 되어 해결해 나갔으므로 다른 학과의 교수들이나 당시 행정 책임자인 학장과도 의견의 대립이 있을 수 있었고 이에 따른 성격의 불화 등은 자칫하면 아무런 해결점을 만들기 어려운 경우가 되기 쉬웠습니다. 이럴 때마다, P 교수, 당신은 그 특유한 부드러운 성품과 온유한 인격에서 비롯한 놀라운 설득력으로 그 괴팍한 예술가들의 집단인 음악대학 교수들 사이에서 서로를 이해시키는 화합의 일을 도맡아 했습니다.

그러다가 7년을 근무한 뒤에 안식년을 받아 Los Angeles에 1년을 머물렀었지요? 그 1년 동안 저는 마치 암흑 가운데에 고립되어 답답함에 휩싸여 지냈었습니다. 혼자서 모든 일을 해야 했으며 의논할 동료가 없어서 얼마나 답답하고 아쉬웠는지 모릅니다. 당신이 다시 복귀했을 때에 그 안심되고 편안해졌던 제 마음을 아마 당신에게도 말씀드렸을 것입니다.

특히 제가 학장으로 재직하는 4년 동안 P 교수, 당신의 전폭적인 지지와 도움이 없었더라면 어떻게 임기를 마칠 수 있었을지 생각할 수가 없습니다. 저의 급하고 불같은 성격이 다른 분들께 오해를 사고 주위 사람들의 마음을 상하게 할까 봐 옆에서 늘 근심하며 주의 깊게 살펴 충고하던 일들을 잊을 수가 없습니다. 참으로 설득력 있는 권유로 여러 교수들과 엇나가지 않고 잘 지낼 수 있었습니다.

어느 해인가 학생 오케스트라와 합창단 300명을 이끌고 4개 도시 연주여행을 다녔던 일을 기억합니다. 버스로 이동하는 동안 무사히 다니도록 항상 기도하며 학생들을 통솔하시던 당신의 모습은 지금도 든든하고 생생합니다.

학장 취임 후 제일 먼저 해야 할 일은 음악대학 건물을 재건축하는 일이었습니다. 학교 본부에서는 오래된 건물들을 순차적으로 재건축해 나가는 과정이었는데 당신과 국악과의 Y 교수, 관현악과의 K 교수 등이 재빨리 재건축 설계도까지 작성하여 제시한 바람에 다른 대학의 차례를 제치고 음악대학의 건물에 냉난방 시설까지 새로 하는 큰 공사를 할 수 있었습니다(이 재건축 설계에 힘을 모았던 세 교수님들이 후에 모두 학장직을 맡아 학교 발전에 공헌하셨고 제가 제시한 여러 가지 개혁을 잘 마무리해 준 일도 고맙게 생각합니다).

교내의 일 뿐 아니라 아시아 작곡가 연맹이란 국제기구를 통한 제 활동에서도 P 교수, 당신의 도움이 없었더라면 제가 어떻게 본부 회장직을 수행할 수 있었으며, 한국에 유치한 두 번의 국제대회 및 음악제들을 그렇게 성공적으로 치를 수 있었겠습니까!

한번은 당시 고령이시던 필리핀의 Dr. Kasilag 여사께서 연세대 백주년 기념관에서 음악회를 마친 후 계단에서 굴러 넘어지는 사고가 있었던 기억이 납니다. 당신이 이 일을 신속하고 안전하게 수습하고 잘 처리해 주어서 필리핀의 작곡가들이 얼마나 감사했던지요.

봄학기가 끝나고 초, 중등 학교들이 방학하기 전 우리는 늘 작곡 전

공의 대학원 학생들과 MT를 다녀 왔었습니다. 강의 중에 엄격하고 무섭게 훈련시키던 교수들과 평창 스키 리조트에서의 4박 혹은 5박의 합숙은 보통 강의실에서는 가질 수 없는 귀한 체험과 소통의 시간들이었습니다. 그리고는 늘 당신의 학창 시절 나와의 관계들을 학생들에게 이야기하곤 했습니다. 어려운 조교 시절 도저히 학업을 계속할 수 없어서 대학원을 포기하려고 했을 때 나의 충고와 배려로 학업을 마칠 수 있었다고 고마워하던 모습이 기억납니다. 별로 길지도 않은 사제 관계였었지만(동료 교수의 관계가 내겐 더 소중하게 생각되었지만) 당신은 항상 제게 스승에 대한 존경과 사랑을 보내셨고 저의 은퇴 즈음에서는 이제 스승이 모두 은퇴하셨다고 정말 허전해 하던 모습이 저를 뭉클하게 했습니다.

P 교수, 당신의 청렴결백한 사고방식에서 나온 그 깨끗한 삶! 그리고 원칙을 지키는 엄격함 등등이 마지막 당신의 이 세상 떠나시는 길에서도 우리에게 놀라움과 감탄을 자아냈습니다. 전해오는 소식에서 당신은 백혈병으로 돌아가셨고 당신의 선친과 형님 한 분이 같은 병으로 세상을 뜨셨다는 사실을 알게 되었습니다. 그리고 이 병의 치료가 얼마나 힘든 것인지 잘 알고 있던 당신은 이 병을 진단받은 후, 부인 장 여사 외에는 아무에게도 알리지 않고 치료도 거부한 체, 홀로 투병하다가 떠나셨다는 소식을 들었습니다. 당신이 영락교회 장로님으로 대단한 신앙인이라는 것은 알고 있었지만, 오직 하나님께 의지하며 견디어 지냈을 당신의 마지막 수년을 생각하면 정말 가슴이 미어져 옵니다.

한 사람이 세상을 떠날 때, 장례에서 보이는 주위의 반응을 보면 이 사람이 세상을 어떻게 살았는지를 잘 알 수 있고 또 유족들은 이로 인해 많은 위로를 받는 경우를 저는 부모님의 상을 치르며 잘 겪었습니다. P 교수! 부인 장 여사와의 통화에서도 장 여사의 깊은 이해와 사랑, 그리고 당신에 대한 존경은 물론, 장례행사를 통해서 여러분들에게서 큰 위로를 받고 있음을 느낄 수 있었습니다.

매년 한국을 방문할 때면 당신을 만나 작곡과 전 현직 교수들과 나누었던 즐거운 시간들이 이제는 다시 이 세상에서는 이루어 질 수 없다는 사실이 실감 나지 않습니다.

친애하는 P 교수, 이젠 아무 고통도 갈등도 없는 하늘나라에 가셨습니다. 평안히 쉬시고, 하나님께서도 칭찬하시며 당신을 맞이하셨을 것입니다. 당신처럼 결백하고 또 따뜻한 마음으로 이웃을 배려한 삶은 저뿐 아니라 당신을 사랑하는 주위의 동료 교수들, 그리고 당신을 존경하는 모든 제자들의 마음에 오래오래 살아 있을 것입니다.

Heather의 결혼식

이영옥

오늘 아침 O.C. Register 신문을 읽는 중에 아이오와에서 일어난 기사를 읽게 되었다. 병원 중환자실에서 온몸에 튜브를 꽂고 의식이 없는 아버지 앞에서 결혼식을 올린 신랑신부의 사진이 실려 있고 그 사진 아래편엔 그 아버지가 결혼식 이틀 후에 운명하셨다는 설명이 첨부되어 있었다.

그 기사로 말미암아 직장에 다닐 때 있었던 일이 생각났다. 오하이오 콜럼버스 아동 병원에서 일할 때 우리 약국에 Heather라는 처녀가 약국 보조원으로 일하고 있었다. 그녀는 개인적으로 나를 좋아하고 잘 따랐는데 금발머리를 가진 귀엽고 마음씨 착한 정말 예쁜 사람이었다. 하루는 대화 중에 사귀는 남자 친구가 있는데 혹시 그와 결혼도 못하고 그냥 죽어 버리면 어쩌나 하는 생각이 든다며 그녀의 염려를 털어 놓았다. 사실 그때만 해도 나는 그녀의 병이 그렇게 심각하다는 것을 모르고 있는 터였다. 나는 그럴 리가 없다며 건강관리를 잘하면서 조심스럽게 살라고 말해 주었다.

그녀는 선천성 대사질환을 가지고 있었으며 어려서부터 우리 병원에 여러 번 입원치료를 받았었다. 병원에 있을 때 약국 보조원을 채용한다는 정보를 알게 되었고 입사원서를 제출, 약국에 취직이 되어 열심히 일하고 있었다. 하지만 그녀의 병은 재발되었고 병원에 또다시 입원하게 되었다.

유난히도 아름다운 어떤 봄날 중환자실에 있는 간호원이 약국으로 전화를 했다.

Heather와 남자친구가 중환자실에서 결혼식을 올리는데 올 수 있는 사람은 참석하여 축하해 주면 좋겠다고 한다. 그녀가 사경을 헤매니 혹시 곧 세상을 떠날 수도 있다는 의사의 충고가 있었고 남자 친구는 그녀의 소원을 들어주기 위해 급히 결정을 하여 결혼식을 주선한 것이었다.

일하다 말고 약국에서 일하는 몇 명의 사람들이 이층에 있는 중환자실로 올라갔다. 주례하실 목사님과 양쪽 부모, 서너 명의 친한 친구, 그리고 그곳 간호원들과 의사들이 함께 기다리고 있었으며 곧 식이 시작되었다.

Heather는 온몸에 튜브를 꽂은 채로 전혀 의식이 없었다. 남자친구는 정말로 보기 드문 미남이었으며 선한 사람인 것을 금시 알 수 있었다. 결혼식 도중에 그곳에 모인 많은 사람들이 눈물을 흘렸다. 두 사람의 애틋하고 순수한 사랑에 너무나 큰 감동이 되었고 본인의 결혼식인 줄도 모르고 의식이 없는 불쌍한 Heather가 '그 순간을 볼 수 있다면 얼마나 좋을까'하는 안타까움에서였다. 거기에 참석했던 모든 사람들은 진심으로 그녀가 회복되기를 간절히 기도하는 마음이었을 것이다.

그 후에 기적적으로 그녀가 회복되었고 잠시 결혼생활을 할 수 있었지만 몇 개월 후에 세상을 떠났다는 소식이 들렸다. 짧은 결혼생활이었지만 행복하고 귀중한 시간이었을 것이라고 믿는다. 그녀는 아주 다정

다감한 성격이었으므로……

Heather의 짧은 인생을 생각하며 인생은 어차피 조금 길게, 또는 조금 짧게 살다가 가는 것인데 너무 아등바등 살 것이 아니라 상선약수(上善若水)로 중용(中庸)의 도를 지키고 남을 배려하면서 아름답게 생을 마무리하고 하나님이 부르실 때 후회 없이 떠나야 하겠다는 생각을 해 본다.

창밖의 아름다운 봄날을 내다보며 오늘따라 금발이었던 Heather와 그녀를 사랑했던 착한 그 남자 친구가 유난히도 보고 싶어진다.

Marshmallow 추억

이병우

아내가 대학 1학년, 내가 2학년이었던 1959년 우리는 만났다. 우린 그 시절 많은 지식층 젊은이들의 꿈이었던 미국 유학을 꿈꾸며 고국의 아름답던 대학 시절을 마치고 미국으로 와 결혼했다. 아내가 1년 먼저 도미하고 나는 군 제대를 마친 후 곧 그녀를 따라 유학을 왔다. 아직 아내가 fiancee이던 시절 그녀는 Long Beach에 위치한 Sponsor 집에 살았고 나는 Westwood에서 UCLA에 다니고 있었다. 자리 잡고 결혼할 때까지는 떨어져 살 수밖에 없었다.

그러니 weekend에는 만사를 다 제쳐놓고 꼭 만나야 했다. 우리에겐 자동차가 없던 시절이었으므로 내가 아내를 만나려면 두 번 갈아타는 버스를 타고 3시간을 꼬박 걸려서 가야만 했다. 그렇게 먼 길을 겨우 참고 그녀가 살고 있는 sponsor 집으로 가면 우리만의 시간을 갖기가 쉽지 않았다. 우리끼리임에도 불구하고 한국어로 이야기하기도 미안하여 퍽 불편했다.

그래서 하루는 둘이서만 date를 하기로 하고 집을 나섰다. 우선 먹을 것이 있어야 했다. 약혼녀인 혜자 말이 자기가 market에 갔을 때

보니 미국에도 일본 모찌(찹쌀떡)가 있다고 했다. 어떻게 미국 마켓에 모찌가 있을까 의아해하며 그녀를 따라 마켓으로 갔더니 정말 먹음직한 모찌가 있었다. 한 푼이라도 아껴야 하던 시절이었으므로 비싸지도 않은 미국 마켓의 찹쌀떡은 참으로 반갑지 않을 수 없었다. 먹을 것이 해결된 우리는 뿌듯한 마음을 안고 여러 block을 지나며 공원을 찾아 즐겁게 걸었다. 우리가 찾은 곳은 자그마한 공원으로 나무가 몇 그루 있을 뿐이었다. 하지만 가는 날이 장날이라고 자리 잡고 앉은 지 얼마 안 되어 갑자기 구름이 끼기 시작하더니 바람이 불고 추워지기 시작했다. 우선 조그만 언덕 뒤에 앉아 바람을 좀 피하고 나니 배가 고파 왔다. bag 속에 모찌가 가득 있으니 이것만 꺼내 먹으면 추운 것도 이길 수 있으니 마음이 든든했다.

먹음직한 모찌를 하나 꺼내보니 모찌같이 묵직한 기분이 안 나고 좀 가뿐했다. 미국 모찌는 좀 가벼운 모양이다 하며 어쨌던 한 놈을 꽉 깨물었다. 그런데 모찌의 찰스러운 맛이 아니고 푸석하며 sponge 같은 느낌의 이상한 물건이었다. 듣지도 보지도 못한 marshmallow라는 것이었다.

지금 먹어보면 marshmallow는 그대로의 맛이 있는데 그때는 맛도 별로였고 배도 별로 채워지지 않고 그저 사람이 먹는 물건인지도 확실치 않은 이상한 물건일 뿐이었다. 설상가상으로 비까지 조금씩 오기 시작을 하니 배도 고픈 채 꽁꽁 얼어서 겨우 집으로 돌아왔다. 그래도 둘이 다 젊을 때라 감기도 안 들고 즐겁게 잘 버텼다. 둘만의 즐거운 시간을 가지려던 욕심이 지나친 것은 아니었다고 생각하는데 어쨌든 덕분에 추억거리를 하나 만든 셈이 되었다.

지금은 작은 size의 Marshmallow를 많이 보는데 그때는 바로 모찌 size의 큰 marshmallow가 많았던 것 같고 처음부터 모찌라는 믿음이 있었으니 그것이 가볍다 해도 모찌가 아닐 것이라는 생각은 들지 않았다. 사람의 마음이란 일단 마음속에 무엇이고 결정이 되어 있으면 자기 생각이 옳지 않은 점이 나타나더라도 그것을 무시해 버리고 이미 한 자기 결정을 따르는 것이 보통 인간들의 심리인 듯하다.

지금도 fireplace에 marshmallow를 구워 먹을 때면 아이들에게 50여 년 전 우리의 'Marshmallow Date' 이야기를 하곤 한다. 우리 아들은 엄마, 아빠가 너무 안쓰러웠다고 눈물을 글썽이는데 우리에게는 잊을 수 없는 귀한 추억의 하나이며 또 우리 부부의 결혼생활을 더 밝게 해 주는 활력소의 하나이다.

인종차별

이재학

인종차별이라고 하면 미국에서는 주로 백인이 타 인종을 차별하는 것을 지칭하는 것으로 알고 있는데, 내가 체험한 인종차별 사례 몇 가지를 열거하면 다음과 같은 것이 있다. 전부 10여 년 전에 있던 일이다.

첫 번째는 Orange County Garden Grove에 있는 중국인 경영 음식점에서 가족과 함께 저녁 식사를 하고 계산대에 갔으나 식당 주인이 다른 손님과 이야기를 하고 있어 기다리다가 식사대를 지불한 후 주인에게 물었다. "이 음식점에 어느 나라 사람들이 오느냐"고 그러자 식당 주인이 기다렸다는 듯이 세계 각국 사람들이 다 옵니다. 한국, 중국, 미국, 월남 사람 등 많이 옵니다."

"주인장 말씀대로 세계 각국 사람들이 다 오는데 왜 하필 한국말로만 변기에 담배꽁초를 버리지 말라고 써 붙였죠? 한국 사람만이 담배꽁초를 버리는 것을 보았소?"

당시 식당 내 좌석에서는 금연이지만 화장실에서는 담배를 피울 수 있었다.

나의 항의 섞인 말에 그가 답했다.

"선생님 말씀을 듣고 보니 그 말씀이 옳습니다. 시정하겠습니다."

"역시 그렇죠? 곧 조치하세요."

나는 이렇게 말하고 그 식당을 나왔고 며칠 후 다른 사람을 통해 들은 바로는. 그 음식점 벽에 아무것도 써 붙인 것이 없다고 했다.

두 번째는 우리 일행이 필리핀 여행을 할 기회가 있었는데 '보라까이'라는 섬을 관광하기 위해 마닐라에서 비행기와 차를 타고 갔다가 관광 3일 후에 되돌아가는 비행기를 타려고 대합실에 들렀을 때였다. 시골 비행장이라 기차역에서처럼 대합실에서 기다리고 있다가 개찰구를 통해 땅 위로 걸어가서 타게 되어 있던 곳이었다. 의자에 앉았었는데 단층으로 된 대합실이 상당히 넓지만 오래된 건물이라 서까래를 받치고 있는 사각형 기둥이 앞뒤 쪽에 각각 4개씩 세워져 있었다.

그런데 그 기둥마다 승객이 앉은 자리에서 보이는 쪽으로 흰 종이 위에 금연 사인이 분명하게 붙어 있었다. 둥근 원안에 연기가 나는 담배를 그려 넣고 붉은색으로 담배 위에 X자 표시를 해 놓았기 때문에 누가 보더라도 그것은 금연을 뜻하는 것임을 알 수 있는데, 그 밑에 한글로 금연이라고 쓰여 있었다.

그것은 한국인은 그 그림의 뜻을 모르거나 아니면 뜻을 알면서도 담배를 피우기 때문에 금연을 강조하기 위해 한글로 써넣었는지는 몰라도, 그것은 한국인에 대한 인종차별로 판단되었다.

근처에 공항 직원이 있는지 살펴보았지만 보이지 않아 경비원 한 사람에게 그 그림을 보라고 했다. 금연이라는 글자는 한국 글자인데 담배를 피우지 말라는 말이라고 설명한 후 "이곳에는 세계 각국 사람들이 다녀가는데 한국 사람만이 담배를 피운다고 할 수 있겠느냐?"고 하자 그 경비원도 내 말이 맞는다고 긍정해 주었다.

"당신이 관련 담당 부서에 전화해서 직원이 이곳에 나오도록 연락을 취해 달라."고 하자 경비원이 전화를 했고 자기네가 다시 "전화해 주겠다."고 하더라는 말을 듣고 기다렸으나 전화가 오지는 않았다.

셋째로 Canada Rocky 여행 출발지인 Vancouver 소재한 호텔에서 1박 후 그 호텔에서 제공하는 아침 식사(Self service)를 하게 되었다. 메뉴에 Soup이 있었는데 둥근 알루미늄 통 안에 주방에서 끓여온 Soup을 채워 넣으면 손님이 국자로 국그릇에 담아가게 되어 있다. 그 국이 담긴 통 위 벽에는 "사용하신 후 뚜껑을 닫아 주십시오."라는 글을 붓글씨로 써서 붙여놓았는데 상당히 오래 전에 붙인 듯 종이가 약간 뒤틀려 있었다.

Vancouver는 Canada 여행의 서부지역 출발지라 세계 각국 여행객의 첫 숙박지로 손님이 많았다.

그런데 한글로만 쓰여 있었기 때문에 마치 한국 사람들만이 뚜껑을 닫지 않는 것으로 인식되어 이를 시정하기 위해 주위를 둘러보며 관계자를 찾았으나 보이지 않았다. 그렇다고 주방에 들어가기도 그렇고 해서 혹시 관계자가 나올까 하고 기다리고 있었다. 우리 일행의 관광버스가 다음 행선지로 떠나니 속히 승차하라는 가이드의 재촉이 있음에도 불구하고 조금 더 기다리고 있었으나 가이드가 계속 재촉하기에 할 수 없이 버스에 타게 되었다.

달리는 버스 안에서 가이드에게 그 호텔 국그릇에 관한 이야기를 했더니 "자기가 다음에 그 호텔에 다시 올 기회가 있으면 그 글씨 쓰인 종이를 떼어 버리게 하고 그 글씨를 쓴 한국 사람도 찾아내어 혼 내주겠노라고 했지만 그 후 소식을 듣지 못해 아쉽기만 하다.

참외와 고향 맛

정정수

재작년 여름 우연히 이민 온 분이 준 은천 참외 씨를 우리 채소밭에 뿌렸더니 꿈에서만 그리던 고향산천 참외넝쿨이 여기저기에 무성하게 뻗었다. 참외가 주렁주렁 열려 한 여름 신선한 은천 참외를 온 동네 한국 분들과 즐겁게 나누어 먹고 금년 봄에는 일찌감치 채소밭을 늘리고 모종을 해서 여기저기 수영장 주위와 화단 빈자리에도 심었더니 풍년이 들어 정말 많은 수확을 했다.

7월 어느 날 잘 익은 참외를 몇 개 따다가 수영장 여기저기에 띄워놓고 둥둥 뜨는 노랑참외를 집어 이리 던지고, 저리 던지며 헤엄치다 보니 문득 그 옛날 개구쟁이 시절이 그리워 졌다. 맑은 산골 시냇물이 고여 깨끗한 자갈로 자연 웅덩이가 된 곳에 참외를 따서 띄워놓고 친구들과 어울리던 꿈에 도취해 시간 가는 줄 모르고 되풀이하고 있으니, 나의 추억을 모르는 우리 따님은 "Don't be silly daddy." 하고 핀잔을 주었다.

사람의 미각이란 그 음식 맛 자체보다는 어릴 때 자라면서 먹어 온 그 성장 문화 배경이 더 많이 작용하는가 보다. 디트로이트에서 어렵게 수

련 생활을 할 때 가깝게 지내던 우리 동문 부인이 임신을 해서 입덧을 했다. 내가 보기에는 시장에서 사 온 간 고등어가 신선하게 보이는데 도무지 미국 생선은 미국 냄새가 나서 못 먹겠다며 입도 대지 않았다.

작년 여름에 유럽을 단체로 버스 여행을 하는데 회사 측에서 제공하는 아침은 continental breakfast로 빵 종류와 주스, 커피만 주었는데 우리 가족은 따뜻한 국 생각이 간절했다. 그런데 캐나다에서 온 한 부부가 드디어 반기를 들고 이웃 고급 식당에 가서 베이컨과 계란을 자기 돈으로 사 먹고 와서야 다시 활기를 띠게 되었다.

금년에 애석하게도 돌아가신 우리 선배 한 분도 포코노 호숫가에 아름다운 저택을 지어놓고 훌륭한 아들딸을 키워가며 행복한 생활을 하면서도, 늘 아이들에게 옛날 경남 하동 고향의 아름다운 산천과 원두막에서 깎아 먹던 참외 맛을 그리워하셨다고 한다. 내가 한국에 처음 갔을 때도 정신을 차리자마자 우리 형님에게 이른 새벽에 차를 몰고 청진동 해장국 집으로 데려다 달래서 국 맛을 보고는 내가 그리워하던 그 맛이 아님을 알고, 우리가 찾는 것이 옛날 그 미각이 아니고 그 미각에 얽혔던 아름다운 정취를 그리워하고 있구나 하며 픽 웃어 버린 일이 있다.

금년 여름에 우리 집에는 많은 한국 손님이 참외를 먹고 갔는데 예외 없이 모두 감탄하면서 맛있게 먹었다. 그중에서도 알래스카 페어뱅크에서 놀러 왔던 우리 동기 동창 한 분은 2주일 휴가 동안 가장 인상에 남는 것은 우리 집 참외를 실컷 먹고 싸 가지고 간 것과, 점심 때 정구를 치고 난 후 먹은 육개장 맛이었다고 부인께서 도착 즉시 편지를 보내왔다. 아마도 우리 집 참외와 육개장이 미국 스테이크나 잘 익은 허니듀보다도 절대적으로 맛이 있었다기보다는 그 육개장과 참외에 얽힌 아름다운 사연과 정취를 더 인상 깊고 맛있게 먹었을 줄 알고 있다.

내가 이렇게 매일 몇 개씩 싫증을 내지 않고 먹고 있는 참외도, 내 고향 맛을 함께 곁들여 먹기 때문에 먹을 때마다 새 맛을 음미하게 되나 보다.

제 6 부
기쁨과 감사가 넘치는 하루하루

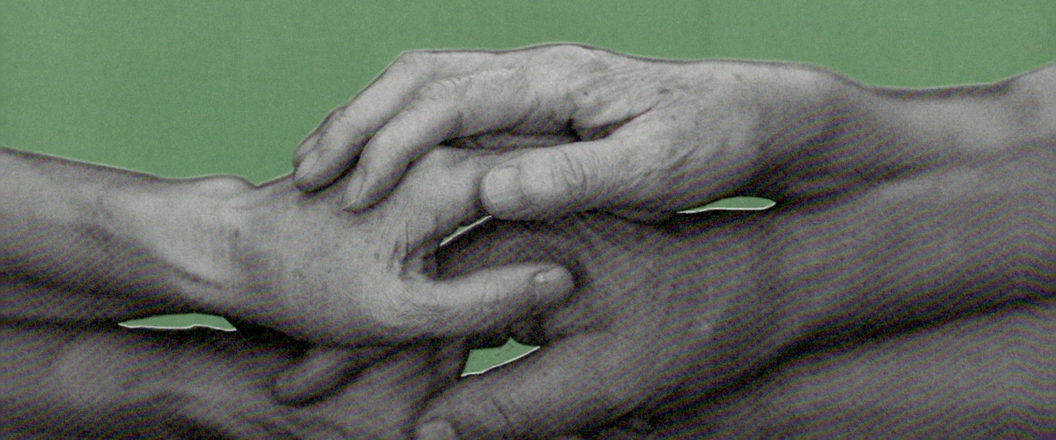

LWV Laguna Woods Village

아름다운 동행

또 하나의 완벽한 하루

권영조

수십 년 동안의 미국 생활에서 나의 가슴에 편안하게 와 닿는 몇 가지 영어 표현들이 있다.

그중에 하나는 특히 이곳 California로 이주해 온 후 자주 들어온 'Another Perfect Day'이다. 굳이 한국말로 번역한다면 '또 하나의 완벽한 하루'이다.

가끔 듣는 FM 91.5 라디오 아나운서나 이곳 Laguna Woods에서 만나는 미국인 Golfer들로부터 자주(?) 듣는 표현이다. 처음에는 좋은 날씨를 즐기려는 마음을 표현하는 말이려니 하고 무심히 들었으나, 그 동안 감사함과 긍정적인 태도를 유지하려고 노력하는 은퇴생활에서 나 자신이 자주 공감하게 되는 것을 발견하게 되었다.

우리가 잘 알고 있는 한국의 철학자이자 훌륭한 수필가 김형석 교수님의 수필집에서 읽은 문장이 생각나서 옮겨본다.

"저 맑고 푸른 하늘, 유유히 넘나드는 넓은 바다의 파도, 우거진 숲 속의 고요함, 제각기 다른 위치에서 밤하늘을 빛내주는 별들, 이유도 없이 깊은 사랑을 속삭일 수 있는 이성들……"

이 모든 아름답고 귀한 것들이 나를 위하여 있다고 생각한다면, 그리고 이 아름다움과 조화 속에 잠겨 볼 수 있다면, 그것이 곧 즐거운 삶이며 아름다움이 주는 행복이 아닐까? 하지만 왜 많은 사람은 같은 것을 보고 경험하면서 기쁘게 혹은 슬프게도 느끼는 것일까?

흔히 말하기를 두 사람이 대화하고 있을 때 이야기를 하는 사람과 듣는 사람의 대화 내용에 대한 느낌은 서로 다르다고 한다. 사람들은 흔히 '객관적인 입장 혹은 견해'라는 말을 쓴다. 진실로 절대적인 의미에서의 '객관적......'이라는 것이 존재할까?

나는 인생에 대한 불만을 토론하는 환자들에게 가끔 이런 예를 들려주곤 했다.

"두 사람 A와 B가 똑같이 $100을 가지고 있다. 하지만 A는 $101을 가졌으면 하고, B는 $10,000을 가져야 한다고 생각한다. A는 $1이 모자라지만 노력해서 쉽게 얻을 수 있기에 어렵지 않게 만족할 수 있다. 그러나 똑같은 $100을 가지고 있는 B는 본인의 기대감과 욕심 때문에 모자라는 $9,900을 생각할 때마다 분노와 절망적인 자포자기 상태로 들어갈 수 있다. 이것은 몇 천 년을 내려오며 우리에게 바람직한 인간의 자세를 가르쳐 주는 좋은 말씀 중의 하나인 노자의 도덕경에 있는 '지족자부(知足者富)' 즉 '만족함을 아는 사람은 이미 부유하다'를 생각하게 한다.

2~3월경이면 이곳 Laguna Woods에서 자주 볼 수 있는 푸른 물감이 뚝뚝 떨어질 듯한 청명한 하늘, 간단히 장난스럽게 떠 있는 구름 조각들, 멀리 보이는 Mt. BALDY 머리 꼭대기에 살짝 덮여있는 순결해 보이는 눈, 특히 Golf Course 1번과 5번(Par 3) 홀 Tee Box 주위에 가슴이 저리도록 선명한 빨간색의 꽃들을 보며, 동반한 미국인 Golfer가 "It is another Perfect Day" 라고 할 때 비록 서로 다른 인생의 배경과는 관계없이 참으로 공감할 수 있는 것이 얼마나 감사하고 아름다운 것인가. 특히 나의 Tee Shot이 Green에 안착했을 때에

는 따뜻하고 흐뭇한 기운이 가슴에 스며들며 이것이야말로 "Perfect Day"가 아닌가 하는 생각이 언뜻 머릿속을 스치고 지나간다. 이 세상에 존재하는 진정한 아름다움은 객관적이며 절대적인 진실인 것 같다.

이 선명한 진홍색 꽃나무의 이름이 궁금하여 몇몇 분에게 물었으나, 답을 얻지 못하던 중, 어느 날 한국 여자 Golfer께서 친절하게 spelling까지 정확하게 적어 주었다.

이 꽃의 이름이 "Bougainvillea, 뷰겐빌리아"이다. 이 열대성 덩굴식물은 몇 가지 다른 색깔의 꽃들이 있지만 빨간색이 몹시 유혹적이다. 특이한 것은 이 빨간 꽃잎처럼 보이는 것은 포엽(Bract)이라는 것으로 덩굴나무 잎(Leaf)의 일부가 변형되어 마치 꽃처럼 보이며 작고 가냘픈 하얀 꽃봉오리를 보호하는 역할과 함께 그 아름다움으로 벌이나 나비 등을 끌어들이는 역할도 하는 것 같다. 자연의 오묘함과 신기함에 절로 감탄하지 않을 수가 없다. 이 꽃 이름은 1700년대 프랑스 제독이며 탐험가인 Louis-Antoine de Bougainville에서 유래된 것이다. 이 사람은 프랑스 사람으로는 처음으로 세계 일주 항해를 했으며 Canada의 7년 전쟁(프랑스와 American Indian War)과 미국 독립전쟁에도(영국에 대항해서) 참여했으며 태평양의 Papua New Guinea에는 이 분의 이름을 딴 Bougainville Island가 있다.

얼마 전 아내와 함께 집에서 오랜만에 한가한 오후를 지내던 중 초인종이 울리는 소리에 문을 열어보니 이웃집 손녀인 듯한 열두어 살 되어 보이는 얌전하게 생긴 소녀가 종이 한장을 건네주는데 무엇이냐고 물으니 좋은 소식을 가지고 왔으니 읽어 보라는 것이다. 웃음을 상징하는 그림과 자신이 예쁘고 정성스럽게 쓴 몇 줄의 문장인데 참으로 순수하고 아름다웠다.

"I will smile tomorrow, I was smiling yesterday. I am

smiling today. It is simply because life is too short to cry for anything that is worthless.

Have a great day and don't forget to smile."

어린 소녀의 소박한 행동이 '또 하나의 완벽한 하루'를 나에게 준 것 같다.

지난 반년 동안 나와 더불어 존재하고 있는 암의 지표가 살금살금 올라가기 시작해서 암 전문의를 평소보다 자주 방문해 왔다. 며칠 전 최근 방문에서 왠지 모르게 암의 지표가 약간 내려갔다. 내 아내보다 더 좋아하고(?) 흥분하는 암 전문의를 보고 있자니 삶이란 그렇게 어렵고 힘 드는 것만은 아닌 것 같다는 생각이 또다시 들었다. 몇 가지 검사를 해야 하지만 특별한 증상이 없으면 석 달 후에 보자고 했다. 어쩌다 보니 석 달 살이 인생이 되었나 보다.

그러나 하루살이의 운명보다는 훨씬 좋은 것이 아닌가? 앞으로의 석 달 동안 또 몇 번이나 "Another Perfect Day"를 느낄 수 있을까 하는 생각이 다시 한 번 감사한 마음을 불러들인다.

얼마 전 내가 약간의 도움을 주고 있는 한인 봉사회관 사무실 벽에 걸려 있는 Vincent Van Gogh의 Starry Night(별이 빛나는 밤: 이것은 몇 개의 Starry Night 중에 Vincent Van Gogh가 Saint Paul에 도착한 후에 그린 것이다)를 유심히 보던 중, 이 그림이 Puzzle 조각으로 구성되어 있는 것을 깨달았다. 하나하나 떼어 놓고 보면 별것 아닌 Puzzle 조각들이 좋은 그림을 구성하는 데 없어서는 안 될 요소라는 것을 생각하니 데카르트의(Descartes) 존재론적 확신(Ontological Certainty)을 언급할 필요도 없이 아직도 이 세상에의 일원으로 사고(思考 Thinking)하고 있는 나의 존재가 중요한 의미가 있는 것이 아니겠는가? 한 사람, 한 그루의 나무, 하나의 까마귀, 벌레 모두가 Puzzle 조각처럼 이 세상을 구성한 중요한 요소이다.

유명한 정치가(?), 사상가, 학자가 되어야 인간의 목적을 달성했다고 볼 수 있겠는가? 이곳 Laguna Woods Village처럼 긍정적(Positive)인 공동체의 일원으로 즉 L.W.V.를 구성하는 한 조각의 Puzzle로써 나의 존재가 의미가 있으며, 오늘도 나의 본분을 위해 최선을 다하는 것이 "Another Perfect Day"를 만들고 있는 것이 아닐까?

소노 아야꼬(曾野綾子 일본 여류작가)의 계로록(戒老錄)에 의하면 "70세를 넘으면 언제 죽어도 괜찮기에 장례식에서 우는 대신 모두 술 마시고 노래를 불러달라고 유언하는 사람도 있다고 한다. 전력을 다해서 살아왔기에 여한은 없다는 정도가 된다면 죽더라도 남아 있는 사람들에게 상쾌한 기분을 남겨 줄 수 있게 된다."

마지막으로 소노 아야꼬의 "나는 이렇게 나이가 들고 싶다."의 목록 중 몇 가지를 소개할까 한다.

1) 다른 사람의 생활 방법에 대해서 왈가왈부하지 말고 그대로 인정할 것.
2) 모든 일은 스스로 하려고 노력할 것.
3) 같은 연배끼리 사귀는 것이 노후를 충실하게 하는 원동력이다.
4) 보편적으로 자신이 옳다고만 생각하지 않을 것.
5) 혼자서 즐기는 습관을 기를 것.
6) 무언가(말을) 남기고 떠나야지 하는 생각을 버린다.
7) 행복한 일생도, 불행한 인생도 일장춘몽.
8) 노년의 가장 멋진 일은 사람들 간의 화해.
9) 노인이라는 것은 지위도, 자격도 아니다.
10) 어떠한 일에도 감사의 표현을.

2016년 5월 Laguna Woods에서

하느님과 수(數)에 대한 단상

愚甫 김강서

사람들은 무엇을 만들고 그 무엇에 법칙을 만들어서 이용하다가 그것의 지배를 받게 된다. 그중의 하나가 數라고 생각된다. 인간은 편리를 위해 數를 생각하게 되었고, 만들어 내고 이용하다가 결국은 數의 지배를 받고 있다. 그러다 보니 세상 모든 것이 數와 깊은 관계가 있다. 數가 없으면 세상 모든 만사가 별로 의미가 없다고 볼 수 있다. 다시 말해 우리는 모두 數 안에서 태어나 數 안에서 살다가 數 안에서 생을 마감한다.

이 數에는 '많다' 그리고 '적다'와 같이 크기가 있다. 내가 Laguna Woods Village에 처음 들어왔을 때에 먼저 들어온 선배님들, 특히 연세가 많으신 분들이 제일 먼저 묻는 말은 '몇 학년 몇 반이냐(당신 몇 살이냐)?'이었다. 그 숨어 있는 뜻은 아마도 내가 너보다 나이가 많으니 내가 '갑'이고 너는 '을'이라는 우회적 표현이 아니었을까. 또 주역에서는 이 數를 가지고 인간의 운명과 취향 등을 추측하려고 한다.

그러면 數라고 하는 것이 무엇일까? "數는 양을 기술하기 위해 사용해 온 추상적 개념이다. 그리고 수학은 철학의 중심 분류에 논리학의 패러다임을 보여주는 하나의 예이다."라고 백과사전에 쓰여 있다. 힘든 이야기다. 그래서 내 생각대로 풀이를 해 보았다.

없다(0), 있다(양수), 그런데 있으면 몇이 있느냐? 또 모자란다(음수), 그러면 몇이 모자라느냐? 그리고 이러한 數들을 더해도 보고, 빼어도 보고, 곱해도 보고, 나누어도 보면서 사람들은 수학이란 것을 연구하게 되었으며 여러 가지의 수학적 법칙을 만들게 되었다.

여기에서 '영(0)'은 내가 제일 좋아하는 數다. 이 영(0)은 생긴 것이 위나 아래, 어디서 보나 같은 모양이다. 춘향전에 나오는 가사 중 '이렇게 보아도 내 사랑, 저렇게 보아도 내 사랑'의 數이다. 이 영(0)은 다른 數에 더하거나, 빼거나 해도 다른 數를 변화시키지 않는다. 즉 남에게 피해를 주거나 스트레스를 주지 않는다. 그러나 이 영(0)은 강력한 힘을 가지고 있어서 어떠한 數도 영(0)으로 곱하면 영(0)이 된다. 또 아무리 작은 數도 영(0)으로 나누면 인간으로서는 상상할 수 없는 큰 數, 즉 무한대가 된다.

정치하는 사람들은 "마음을 비웠다"라는 말을 즐겨 쓴다. 즉 마음에 아무것도 없다(0)는 뜻이다. 그리고 재미있는 것은 영(0)을 영(0)으로 나누면 그 답은 아무것이나 다 답이 된다. 그래서 정치인들이 더욱 좋아하는 數가 영(0)인 것 같다.

우리는 보통 civilized 된 사람이라고 하면 좋은 환경에서 살고, 좋은 문화생활을 하는 사람으로 생각한다. 나는 civilized 된 사람이란 뜻을 '이웃과 사이좋게 잘 지낼 줄 아는 사람들'이라고 해석하고 싶다. 이 civilized 된 사람들은 서로 나누어 가질 줄 아는 사람들로서 한 개를 몇 사람이 쪼개어 사이좋게 가질 수 있다는 개념을 가진, 즉 나눔의 삶을 향유하는 사람들일 것이다. 이 '나눔의 삶'을 數로 표현한다면 분수라고 할 수 있다.

위에 기술한 모든 數들을 수학자들은 유리수라고 정의했다.

인류의 문명이 발달하면서 특히 건축물과 기계들을 설계할 때에 무리수(root, log, 파이 등)라고 하는 數가 등장했는데 이 유리수와 무리수를 통틀어서 수학자들은 실수(real number)라고 정의했다. 그런데 수학과 과학을 연구하는 사람들이 어떤 환경조건에 따른 수학 방정식을 만들어 내게 되었고 이 방정식의 해답을 찾는 과정에서 새로운 가상의 數가 있음을 알게 되어 이를 허수(imaginary number)라고 불렀다.

인간의 능력으로는 보여줄 수 없었던 이 허수를 19세기 독일의 수학자이며 과학자인 가우스가 처음 좌표를 통해 그 개념을 보여주었다. 좌표 위에 실수와 허수를 나타내었으며 좌표평면의 가로축을 실수축(1차원), 좌표평면의 세로축을 허수축(1차원)이라고 하고, 이를 합해서 '2차원적인 數', 또는 '복소수(complex number'라고 불렀다. 그래서 완전한 數라고 하면 실수와 허수가 합쳐진 복소수를 뜻한다.

우리가 Laguna Woods Village에서 몇 년을 이웃과 함께 살면서 "정이 많이 들었다"는 말을 많이 하는데 이 정이라는 것은 좋은 정만을 뜻하는 것 같지만, 실제로는 반대의 뜻도 포함되어 있다. 즉, 정에도 고운 정과 미운 정이 합쳐져야 진짜 정이라고 할 수 있듯이, 數에도 실수와 허수가 합쳐져야 완전한 數가 되는 것이다.

실수는 사람들이 볼 수 있고 느낄 수 있는 數이고 사람들이 세운 법칙 안에서 존재하는 數이다. 그런데 허수는 사람들이 볼 수도 없고 느낄 수도 없는 數이며 사람들이 세운 법칙 밖에 존재하는 數다. 실수에는 크고 작음이 있으나 허수는 크고 작음이 없다. 우리가 하느님께 죄를 고백할 때 "죄가 있음과 없음을 하느님께서 관여하시지, 죄의 크고 적음을 가리지 않으신다."고 한 어떤 신부님의 말씀이 생각난다. 아마도 하느님 세상에는 '갑'과 '을'이 없는 것 같다.

볼 수도 없고 느낄 수도 없고, 또 인간이 세운 법칙 안에서 그 존재를 증명할 수도 없으므로 '허수가 존재하지 않는다.'는 이론을 사람들이 받아들였으면 이 세상은 어떻게 되었을까? 아마도 우리가 항상 쓰는 전기와 많은 전자기기, 특히 셀 폰(핸드폰)은 복소수의 개념 없이는 절대로 발명이 되지 못했을 것이다. 다시 말하자면 우리가 하느님의 존재를 생각할 때 사람들이 세운 법칙 안에서 그분의 존재를 논할 수가 없는 것과 같지 않을까.

그러면 수(數)를 가지고 하느님과 사람들의 관계가 설명될 수가 있을까?

어떤 YOUTUBE를 보니까 1차원인 땅에서만 이동하는 개미와 다른 1차원인 하늘을 날을 수 있는 베짱이의 세계가 나온다. 첫 번의 1차원 세계는 현실의 세계이고 다른 1차원 세계는 선지자들이 예언한 세계로 비유했다. 이 다른 두 개의 1차원적 세계들을 합하면서 2차원적 관계를 설정해 하느님의 존재함을 설명하고 있었다. 그래서 나도 실수와 허수의 2차원적 관계를 생각해 보았다. 여기서 실수는 사람들의 존재, 그리고 허수는 존재하지 않는 것 같은 數이지만 존재해야만 하는 數이니까 하느님의 존재와 비유하였다.

많은 사람들이 종교생활을 하고 있다. 종교에는 '사후에 어떻게 될 것인가' 다시 말해 구원의 교리를 제시한다. 그 교리에는 실생활에서의 지침과 신앙적 지침을 가르치고 있다. 특히 성경에서 사도 바울로의 서신들을 보면, 철학에서 가장 중요 부분인 윤리학적 의미에서의 생활 방침과 신학적인 의미에서의 생활 지침과 관련해 그 교리를 세우고 이에 대하여 설명을 하고 있다. 여기에서 윤리학적인 부분은 많은 철학자들이 세운 이론(실수의 세계)에서 나왔고, 신학적인 부분은 그리스도와 많은 선지자로부터 계시되었음(허수의 세계)을 알 수 있다.

다시 말해서, 가우스가 실수와 허수의 관계를 2차원 안에서 정립한 것과 같이 사도 바울로는 사람들과 하느님의 관계를 2차원 안에서 정립한 것이라고 볼 수가 있다. 이와 같이 하느님의 존재를 설명하는 방법으로 실수와 허수(2차원적 세상)에서 한 차원의 數(실생활)와 다른 한 차원에서 존재하고 있는 數(신학적인 생활)라는 비유법으로 설명할 수가 있다. 더욱더 가우스의 복소수의 세계로 표현된 2차원의 좌표표면을 보면, 수평관계인 실수의 세계는 인간과 인간 간의 관계이며, 수직의 관계인 허수의 세계는 하느님과 인간의 관계를 나타내는 십자가를 뜻하는 것이라고 생각된다.

위에서 서술한 것을 보면 허수가 하느님의 세상에서의 數인 것 같다. 그러면 하느님께서 쓰시는 數도 2차원적인 數일까?

성경의 마지막 책인 요한 묵시록에는 많은 數가 나오는데 이 數를 실수의 세계인 1차원적인 數로서 접근해 해석하려 하니 도저히 파악이 안 된다. 만일 여기에 나오는 數들을 2차원적인 數로서 해석할 수가 있다면 그 해석이 조금 더 하느님의 뜻과 가까워지지 않을까.

그런데 2차원적인 數는 이미 사람들이 상상으로 알고, 이용하고 있기 때문에 하느님께서 쓰시는 數는 그 2차원의 數보다 더 높은 차원의 數이어야만 한다고 생각된다. 인간이란 무엇을 알게 되면 그것의 좋은 특성이나 나쁜 특성이나 모두 자기들의 이익을 위하여 하나도 남기지 않고 이용한다. 만일 사람들이 하느님을 안다고 가정을 하면 사람들은 자기들의 이익을 위하여 하느님이 닳고 없어질 때까지 여러 가지로 이용할 것이다. 결국, 하느님은 하느님이 아니게 되는 것이다. 그래서 하느님이 쓰시는 數는 2차원보다 더 고차원의 數이어야만 한다는 것이 나의 생각이다.

결론적으로 1차원의 數인 실수는 2차원의 數인 복소수의 반쪽의 數이므로 1차원의 數는 2차원의 數에서 나왔음을 우리가 알고 있다. 이와 같이 2차원의 數도 또한 더 고차원의 數, 즉 하느님께서 쓰시는 數에서 나왔을 것이다.

"보이는 것은 보이지 않는 것에서 나왔음을 깨닫습니다."(히브리서 11장 3절)

한 걸음 더 나아가서, '하느님께서는 사람들이 볼 수도 없고, 막연히 생각할 수도 없고 그리고 인간이 제멋대로 이용도 할 수도 없는 고차원에 존재하시는 분이시다'라고 하면 믿을 수 있을까? 이 역시 오직 하느님만이 아신다고 하는 것이 정답일 것이다.

단지 내가 알 수 있고 그래서 이해되고 또 와 닿는 것은 이 성경 말씀이다.

"보지 않고도 믿는 자들은 행복하다."(요한복음 21장 29절)

"사람은 외모를 보나 나 여호와는 속 마음을 보느니라"

김홍식

대다수 이곳 라구나우즈에 사시는 분들은 세상에서 성공이라는 것을 이룬 분들로 보입니다.

"사람이 온 천하를 얻고도 목숨을 잃는다면 무슨 소용이 있겠느냐"는 말씀대로 '우리 그 '목숨'도 잃지 말고 성공합시다.'라고 말씀드리고 싶습니다.

나는 소위 모태 교인으로 태어나고 보니 기독교인이 되어 있었습니다. 평생을 착하게 살아야 하고 또 착한 척해야 하는 분위기에서의 생활을 해 왔었던 것 같습니다. 의과대학 시절 김성희 교수라는 당시 한국 정신과 계의 거물이셨던 분에게 정신과를 배웠는데 강의가 너무 어렵다 하여 싫어하는 학생들도 있었지만 나는 어쩐지 그분의 강의가 좋았습니다. 지금 돌이켜 생각하면 일요일마다 교회라는 곳에 가서 위선이라는 옷을 겹겹이 덮어쓰고 오면 평일엔 학교에 와서 그분의 강의를 통해 그 옷들을 하나하나 벗게 되었기 때문이었던 것 같습니다.

많은 질병들이 심리적 요인과 깊은 관계가 있다는 것은 배워서 잘 알고는 있었지만, 내과 의사로서 오랫동안 환자들을 대하고 보니 '거의 모든'이라고 해도 과언이 아닐 정도임을 느끼게 되었으며 또 실질적으로 내과 의사가 고칠 수 있는 병이 거의 없다는 현실에 실망감을 느껴 그 후 정신과를 전공하게 되었습니다. 문제는 그때부터 시작되었습니다. 그동안 절대적 진리로 생각해 왔던 내가 속한 '기독교'라는 조직이 심리학 공부를 하면서 보니 유치하다며 경멸했던 미신과 다를 바 없는 집단임을 보게 된 것입니다. 그렇지만 쉽게 기독교를 버릴 수는 없는 복잡한 가정 배경 때문에 오랜 기간의 고민과 방황이 있었습니다. 그러던 어느 날 '기독교'와 '성경'이 반드시 일치하는 것은 아니라는 것을 알게 되었으며 'Back to the Bible' 하면 된다는 것을 알게 되면서 일단 방황은 끝이 나게 되었습니다.

정신과 의사가 사람의 외형은 보지 않고 속마음만을 보는 것과는 비교할 수 없는 예리한 눈으로 하나님은 나의 외형 아닌 속마음만을 꿰뚫어 보시는 분이요 성경이라는 책은 단순히 사람 눈에 보이는 선행을 독려하는 윤리 도덕이나 종교의식의 교본이 아닌 어느 심리학 교과서보다도 훨씬 더 예리한 눈으로 나의 양심을 꿰뚫어 쪼개는 책이라는 것이 보이게 된 것입니다.

미국 생활에서 역시 가장 어려운 것은 언어 문제였습니다. 일반 환자와의 대화는 그런대로 통할 수 있었는데 인생문제를 얘기해야 하는 정신과 영역의 대화에는 거대한 장벽을 느끼게 되었습니다. 어느 날 자살을 고민하며 도움을 바라고 찾아온 어느 여대생의 심각한 대화를 절반도 알아들을 수 없는 나를 보면서 먹고 살기 위해 평생을 이 짓을 해야 한다는 것은 양심에 도저히 허락되지 않을 것 같아 정신과 개업은 포기하고 그 이후 평생을 다시 내과 의사로서의 삶을 살게 되었습니다.

하지만 감사한 것은 내가 공부했던 정신과가 돈벌이에 사용되지는 않았지만, 그 덕분에 평생에 걸쳐 나 자신의 내면을 보는 또 하나님이란 분의 마음을 읽는 눈을 가지게 해준 것입니다.

"나의 보는 것은 사람과 같지 아니하니 사람은 외모를 보거니와 나 여호와는 중심을 보느니라."(삼상16:7) 일개 정신과 의사도 사람을 볼 때면 외형 아닌 마음만을 분석하여 보는데 하물며 하나님이라는 분이 어떤 관점으로 나를 보실까 하는 것과 성경을 하나님의 관점으로 나 자신에게 적용하는 태도를 가지게 된 것입니다.

성경의 핵심은 인간의 '죄 문제와 그 해결책'을 제시하는 것임은 알고 있었습니다. 그런데 어느 날 나 자신의 상태를 보게 된 것은 기독교인이라고 하면서도 착하게 살려는 종교생활만을 열심히 하고 있었지 핵심인 죄 문제 해결에는 크게 신경 쓰지 않고 있었다는 것이었습니다. 어느 날 대화 도중 "건강한자에게는 의원이 쓸데없고…… 내가 온 것은 죄인을 부르러 왔노라" 즉 병이 없으면 의사가 필요 없듯이 예수는 죄인에게만 필요한 분인데 너 진정으로 죄인임을 인정하느냐 하는 지적을 받게 되었습니다. 물론 이론적으로야 누구나 죄인이라는 것은 얘기하고 있었지만 착하다고만 생각했던 내가 이론이 아닌 진정으로 죄인임을 인식하는 데까지는 또다시 오랜 기간의 처절한 고민이 있었습니다. 논리적으로 생각할 때 죄인이 아니라면 예수가 필요 없는 데 필요 없는 예수를 내가 믿고 있다는 것은 모순임을 인정하고 있었기 때문입니다.

어느 날 성경공부를 하던 중 믿으려고 그토록 노력해도 안 되었던 내가 죄인인 것과 예수의 피가 내 죄를 깨끗게 하셨다는 것이 참으로 믿어지게 되었습니다. 1977년 9월 17일의 일이었는데 그것이 믿어지게 된 순간 이후의 나의 인생관, 가치관, 생의 의미와 목표가 완전히 바뀌게 되었습니다. 내가 이처럼 위선적인 죄인임을 발견할 수 있게 된 것이 심리학 공부를 다른 환자 아닌 나 자신에게 응용했던 덕분임을 알기에 감사하는 것입니다.

그런데 '하나님은 외모를 보지 않으신다'는 말씀에서의 외모란 단순히 신체적 외모만이 아닌 '정신적 외모'도 포함됨을 알게 되었습니다. 사랑이나 효도에도 '외모'가 있습니다. 어떻게 남편을 또 부모를 그토록 사랑하고 효도할 수 있느냐고 질문했을 때 '성경에 그렇게 하라고 했으니까요'라는 대답을 들었을 때 당사자인 나의 심정이 어떠할까를 생각해 봅니다.

사랑스러우니까 사랑하는 순수한 것이어야지 율법에 그렇게 하라고 했으니까 하는 것은 사랑이 아니라는 것, 정신과 의사까지 동원 않더라도 시골 어머니도 다 아는 사실인데 내가 이런 식으로 '외모'적 신앙생활을 했다는 것은 하나님의 눈을 속일 수 있으리라고 생각했던 것임을 알게 된 것입니다. "내게 있는 모든 것으로 구제하고 또 내 몸을 불사르게 내어 줄지라도 사랑이 없으면 내게 아무 유익이 없느니라."(고전13:3)는 말씀은 의무감으로 하는 이런 '외모'적 행위는 계산하지 않으신다는 의미일 것입니다.

'외모'라는 단어를 '거래'로 바꾸어 보면 그 뜻이 더 명확할 것 같습니다. 효도나 부부 사랑이나 신앙생활이 순수한 사랑 때문인 것 이외의 '~ 때문에'라는 거래성이 있다면 '외모'로 하는 것이라고 판단해도 될 것 같습니다. 유산상속을 의식한 효도라면 참 효도가 아니듯이 내가 하는 신앙생활이 이래서는 안 되는데 하는 의무감, 이러다가 책망 받지 않을까 하는 두려움, 피곤한 몸 이끌고 이렇게 열심히 하면 잘 봐 주시겠지 하는 거래성, 내 열성이 부족한 것을 cover 하려는 보상심리의 '외모'적인 것이라면 하나님께서 그것을 참 신앙생활로 보실까 하는 것입니다.

자살폭탄 회교도들이 그렇게 순교하면 하늘나라에 몇 명의 처녀를 얻을 수 있다는 '거래' 때문이듯, 내가 했던 종교적 열심들이 받은 사랑에 대한 감사에서 우러난 것이 아니라 이렇게 살아야만 하나님께서 잘 봐주시겠지 하는 거래성이 있었다는 것을 알게 된 것입니다.

내가 내 자식에게 바라는 '효도'는 '마음'이지 '외형'이 아니듯 하나님께서 내게 바라시는 생활이 무엇일까 하는 것은 하나님을 인간 부모로서의 내 입장에 대입시키면 쉽게 알 수 있게 됨을 정신과를 통해 알게 된 것입니다. 자식이 내게 효도한답시고 일요일마다 정장 차려입고 일정한 장소에 와서 큰 절하고 가는 것을 나는 '효도'로 계산하지 않을 것입니다. 내가 자식에게 원하는 것은 그런 외형이야 아무렇든 상관없고 부모인 내가 가장 원하는 것이 무엇인지를 이해하고 그것을 해 드리려는 관심을 가져달라는 것뿐입니다.

이 두꺼운 성경 내용에서 하나님의 가장 큰 관심사를 표현하는 핵심 단어는 '사랑'일 것입니다. 그런데 사형선고 받고 일주일 후면 교수형 당할 처지에 있는 사람이 지금 가장 필요로 하는 '사랑'은 맛있는 음식, 좋은 집, 거액의 현찰, 박사 학위가 아니요, 누군가가 무죄로 만들어 주는 노력을 해주는 것뿐입니다. "내게 있는 모든 것으로 구제하고 또 내 몸을 불사르게 내어 줄지라도 사랑이 없으면 내게 아무 유익이 없느니라."(고전 13:3)

즉, 어떤 육신적인 어려움을 해결해 주는 사랑이 있다 하더라도 지옥을 면하게 해 주는 것이 없다면 참사랑이 아니라는 계산법을 보는 눈을 갖도록 해준 것이 정신과 공부의 덕분입니다.

복잡하고 어렵게 생각할 것 없이 하나님이라는 분을 유치원 학벌도 없는 시골 어머니의 위치에만 놓아도 그분이 원하는 것이 무엇인지를 발견할 수 있게 된다는 것을 알게 된 것입니다.

그 이후 신앙생활을 하면서 교파나 외형적인 종교의식 같은 것은 사람인 나의 심리적 만족을 채우기 위해서는 필요할지는 몰라도 하나님에게는 전혀 무의미함을 보게 되어 "진리를 알지니 진리가 너희를 자유케 하리라" 라는 말씀대로 '종교'에 메이지 않는 신앙 생활하게 해 주신 것도 '외모를 보지 않는' 정신과 공부 덕분이었기에 그것을 감사하는 것입니다.

'목숨을 잃으면 무슨 소용이 있겠느냐' 했기에 누구든지 만약 "나 같은 죄인 살리신… 잃었던 생명 찾았고……"의 '목숨 찾은' 감사가 아직 없었다면 왜 나에게는 없을까 의문을 가지며 외적인 '종교 행위' 아닌 속 '양심'만을 보시는 하나님의 관점에 맞추어 찾으려는 노력 하시기를 권합니다.

가치가(GOTCHIGA)

박 미 자

차를 몰고 나가면 동네 마을마다 수수한 보랏빛 재커랜다가 서열해 있음을 본다. 불타는 장밋빛의 유혹보다 은은하고 겸손한 그 자태가 나를 그 속에 빠지게 한다. 온통 나를 따사하게 에워싸는 오월은 감미로운 포옹의 계절이랄까?

오월은 나에게 또 다른 의미가 있는 계절이다. 그이가 보랏빛 오월의 그림자 품에 안겨 신비롭게도 이곳 라구나우즈를 어느 날 조용히 떠난 달이기 때문이다. 그것도 오월 중순, 아마도 그이는 그리워하던 한국으로 여행을 간다고 착각을 했을까?

우리는 봄 학기 졸업식이 끝나자마자 오월 중순쯤 그리던 친척들을 보기 위해 한국을 향해 돌진하곤 했다. 일 년 동안 직장에 몰두하다 그때가 되면 휴식이 필요한 것은 사실이었다. 그리워하던 친척들이 한 아름 우리를 반겨주든 미소는 우리를 항상 따뜻하게 감싸 주었다. 그렇게 한 달의 휴식을 지내고 돌아오면 그다음 일 년을 지탱할 수 있는 힘을 얻게 되는 것이었다. 그런데 마지막 휴식은 달려간 장소를 달리한 것이 옛날의 휴식과의 차이점이랄까? 그 휴식은 돌아올 수 없는 영원한 휴식이 되고 말았다.

그 휴식의 기간도 벌써 4년이 되어 오고 돌아와야 할 곳에 다시 서 있지 않은 사람이 원망스럽고 안타깝기만 하다. 자라가는 손자 손녀들이 얼마나 그리울 텐데도 돌아올 수 없는 여건이 있음이 분명하다. 그러한 여건이 나에게도 찾아올 것도 분명하다. 그때를 마냥 기다릴 수는 없고 그때를 만날 때까지 주어진 시간을 꼭꼭 채워가며 열심히 살아가야 한다는 것이 회피할 수 없는 사실로 머리를 감쌌다.

그 생각을 간추려 보면서 함께 있던 사람이 영원한 휴식으로 떠났기 때문에 남아 있는 자들이 외로움 속에 살고 있다는 사실을 나 자신의 체험으로 대신 느낄 수가 있었다. 낮에는 운동, 그림 등 많은 취미활동으로 사람들을 맞나 시간을 채우지만, 집에 돌아왔을 때 기침 소리 하나 들을 수 없다는 사실이 나를 침묵의 함정으로 깊숙이 몰아넣는다. 생동하지 않는 침묵으로…. 그러하나 겹쳐진 다수의 침묵은 함정이 아니라 움틀거리며 생동하는 침묵으로 변신할 수가 있다는 가능성을 엿보게 되었다. 그리하여 이 침묵의 함정이 깨져야 할 필요와 동기가 나에게 주어졌다.

드디어 이 침묵의 함정을 깨뜨리고 이 년 전 2014년 4월에 몇 사람이 모여 생동하는 공동체가 이루어졌다. 그 이름은 “같이가” 그리하여“ 가치가”로. 같이 가면서 가치가 서로에게 부여되어 질 수 있는 공동체로. 서로가 함께 같이 가면서 시너지(Synergy) 역할을 주는 공동체로…. 그리하여 우리는 모여서 일단 입과 두뇌를 돌리는 수다를 떨려고 노력을 하고 있다.

수다를 떤다는 것은 우리가 생동하는 육체를 가지고 있음을 말해 준다. 생각건대 생명을 담고 있는 우리의 육체를 우리가 스스로 만들지 못했으며 누군가가 만들어 준 것만은 확실하다. 죽음과 생명은 우리들의 선택 영역이 아님은 분명한 사실이다. 그래서 우리는 우리에게 주어진 생명에 대해 감사하고 어린아이와 같이 웃음으로 감사함을 표시하는 것이 우리 모임의 모토(Motto)가 되었다.

"웃지 않고 지낸 날은 헛되이 보낸 날이다(A day without laughter is a day wasted)."라고 찰리 채플린이 한 말에 비추어 우리는 웃으면서 시간을 보내야 한다. 함께 시간을 보내는 것이, 아니 웃음과 기쁨으로 함께 시간을 보낸다는 것이 얼마나 우리 생활을 풍성하고 건강하게 하는지 모른다. "그대의 마음을 웃음과 기쁨으로 감싸라. 그러면 인체에 해로움을 막아주고 생명을 연장시켜 줄 것이다."라고 셰익스피어도 피력하고 있다. 생명이 연장되는 것은 웃음과 기쁨의 생활 즉 풍성한 삶의 결과라고 볼 수 있겠다.

예수님이 이 세상에 오신 이유도 우리에게 생명을 주시고 더 풍성한 생명 즉, 삶을 주시기 위해서라고 하셨다(요한복음 10:10). 우리 몸은 균형과 조화를 이루도록 설계된 생체이다. 이것이 성립되지 않으면 자꾸 그 상태로 돌아가려는 힘에 말려들어 간다. 자연법칙과 순리대로…. 즉 평강의 상태로. 그런즉 우리는 마음에 평강을 부여하는 풍성한 삶을 분명 누리고 살아야 한다. 그리하여 마음의 평강 (Equilibrium)은 곧, 육체의 평강 (Homeostasis)으로 옮겨진다. 그것을 수호하기 위해 우리는 "마음도 건강! 몸도 건강!"이라는 구호를 외친다.

먼저 내 마음의 평강을 찾기 위해 나의 외로움을 달래면서 남과 더불어 산다는 것이 나 자신을 먼저 돌봄은 물론이고 상호 간 시너지가 형성되어 결국 남을 돕게 되는 결과를 기필코 가져오기에 일거양득의 수확을 보게 되는 것이다. 우리가 사랑해야 하는 필요(Need to love)를 충족시키고 싶은 것은 우리가 타고난 본연의 자세이기 때문에 항상 우리는 어떤 상황에서도 본연의 자세, 평강의 상태로 돌아가고 싶은 욕망이 있음이 정상이라 하겠다. 나 자신을 위해, 내가 사랑해야 하는 필요를 충족시키기 위해 깨닫고 행동으로 옮길 때, 그때 평강을 맛보게 되는 것이다. 남을 위해 베푸는 것 같지만 사실상 자기를 위해 베푸는 차림 상이 된다. 그래서 생각하고 행동으로 옮긴 자가 받는 자보다 먼저 혜택을 본 셈이 된다.

그리하여 우리 몸은 생각에서 시작하여 생리학적 반응을 일으켜 육체에 영향을 준다는 학설은 우리가 다 알고 있는 사실이다. 멀리 계시는 어머니를 생각만 해도 눈시울이 뜨거워지는 것은 이 대표적 예가 아닐까? 좋은 생각은 좋은 전자파를 보내어 유전자를 켜서(Epigenetics) 건강을 유지해 주고 있다는 사실은 우리가 요즘 많이 접하고 있는 분야이다. 그뿐만 아니라, 더 나아가 1+1=2가 되는 것이 우리의 지식으로는 당연하다고 생각되지만, 시너지 형성으로 이 방정식의 답은 3 또는 4, 5 등 우리의 상상을 초월할 수가 있는 무수한 답으로 변화될 수가 있다. 그리하여 생각의 양면(제한성과 무한성)을 우리는 조명해 볼 수가 있다. 시너지 형성으로 조성되는 분위기는 우리의 제한성을 부수고 우리의 상상을 초월하여 무한한 창의성을 부여할 수 있는 절호의 기회가 된다고 본다.

이런 시너지 원리는 외로운 사람뿐만 아니라 사회적 동물인 우리 모두에게 적용된다고 본다. 아니 더 나아가 다른 생태계에도 일어나는 현상을 우리는 발견하고 있다. 우리 내장 속에 살고 있는 박테리아도 서로 간에 교통할 때 활성화되고 건강해져서 더 좋은 우리의 내장 환경을 만들어 준다고 한다. 또한, 이 박테리아에게 우리가 거주지를 제공(Symbiosis)할 때 그들이 생산하는 물질이 우리 몸의 신경계와 교통하여(Bidirectional Cross-Talk) 인체의 여러 호르몬 생산에 영향을 주고 행동에도 영향을 준다는 새로운 연구가 나오고 있다(Adv Exp Med Biology, 2014). 한마디로 말해서 "It Is Amazing!" 서로 좋은 교류를 할 때 모든 것이 합해져서 아름다운 한 폭의 그림으로 삶이 이루어진다는 것이다. 우리 한인들의 삶도 나 자신의 생활을 윤택하고 풍성하게 되게 하려고 이웃과 좋은 교류를 하게 되면 서로가 혜택을 보게 되리라 생각한다. 그렇게 되도록 한인회 회장님 이하 여러 지도자들이 무한한 노력을 하고 계심을 우리는 다 목격하고 있다.

이 시너지 형성을 위해 우리 공동체 가치가는 웃음 마당으로 모임을 시작하고 주제가와 동요도 부르고, 우리끼리의 서약도 하고, 아름다운 삶의 이야기, 생명을 소중히 다룰 수 있는 주제를 토론하고, 뇌를 기름치는 뇌 운동도 하고, 생활지혜를 나누어 갖고, 웃음을 자아내는 게임, 맛있는 음식 등 여러 가지 활동으로 함께 같이 가면서 서로에게 가치가 있는 모임이 되도록 서로 노력하면서 같이 가기를 원하는 여성 멤버를 환영하고 있다. 숫자로는 작은 모임이지만 먼저 나에게, 또 서로에게 얼마든지 큰 위로와 영향을 줄 수 있는 가능성을 부여할 수 있기에 우리는 꾸준히 같이 가고 있다.

그리하여 남을 위한 것이 아니라 먼저 나의 필요에 의해서 남과 교류함은 필연이고 건전한 교류 속에서 우리는 생각지도 못할 만큼의 더 크고 많은 축복을 부여받을 수 있다는 아이러니를 축복의 법칙으로 마음에 새기고 행하면 이웃, 동네, 마을 더 나아가 온 지구촌이 같이 가면서 행복하고 풍성한 가치를 서로 부여할 수가 있다고 생각한다. 그리하여 우리 가치가 모임은 나 자신의 필요를 충족시키기 위해 항상 이웃과 함께 같이 가기를 다짐하면서 호수 한복판에 던졌던 작은 돌멩이 하나가 끊임없이 파문을 일으켜 번져 나아가기를 바라는 마음으로 같이 가고 있다.

가치가 주제가 (나비야 곡)

0. 같이가 같이가 우리 서로 손잡고
   하하 활짝 웃으며 즐거웁게 같이가
1. 같이가 같이가 우리 서로 손잡고
   신바람 나게 놀면서 씩씩하게 같이가
2. 같이가 같이가 우리 서로 손잡고
   훨훨 춤을 추면서 건강하게 같이가

인간의 수명(The life of a human being)

임흥순

가주에 있는 비영리재단인 The California Endowment(TCE)가 최근 발표한 "거주지와 기대수명 및 건강과의 상관관계 연구 보고서"에 따르면 부유한 지역에 사는 사람이 가난한 지역에 사는 사람보다 15년 가량 더 오래 사는 것으로 확인됐다.

내가 회원으로 있는 오렌지카운티 한인 원로목사 회원들이 현재 살고 있는 거주지의 Zip Code를 TCE에 입력하여 보니 기대수명이 79세에서 88세까지 나왔고 현재 내가 살고 있는 Laguna Woods는 88세로 나왔다. 내가 구독하고 있는 O.C. Register 신문의 부고난을 볼 때마다 LA지역은 평균 기대수명이 79세, O.C.지역은 83세로 보게 된다.

그래서 B.C.1450년에 하나님의 사람이며 이스라엘의 영적 지도자인 모세는 시편 90편 10절에서 기도하기를 "우리의 년 수가 칠십이요 강건하면 팔십이라도 그 년 수의 자랑은 수고와 슬픔뿐이요 신속히 가니 우리가 날아가나이다(We fly away)." 라고 하였다. 얼마나 우리의 연수가 빨리 날아가는지 이곳 LWV에 이사 온 것이 어제 같은데 벌써 10년 (04/01/2006)이 된다.

허송세월한 느낌뿐이다. 하나님은 이미 3500년 전에 모세를 통하여 인간의 수명을 우리에게 말씀하셨고 지금도 말씀하고 있다. 인류 역사상 가장 오래 살았던 므두셀라(969세)가 있는가 하면 (California 인요 국립 산림지에 있는 히커리 나무의 년 수가 4,847년이 되었다 하여 므두셀라 나무라고 호칭하고 있다. 또 므두셀라 증후군이라는 심리학 용어도 있다) 온 인류의 죄를 홀로 지시고 구원의 문을 열어 주시기 위해 십자가상에서 33세에 자기의 삶을 마감하신 구세주 예수님도 계신다.

인간의 수명은 우리가 우리 마음대로 하는 것이 아니고 오직 하나님의 장중에 있음을 깨달은 모세는 시편 90편 3절에서 "주께서 사람을 티끌로 돌아가게 하시고 말씀하시기를 너희 인생들은 돌아가라 하셨사오니" 라고 기도하였다. 모든 사람은 이 세상을 70~80년간 머물다가 떠나야만 하는 삶을 산다.

작년 2015년에는 내 주변에 있는 많은 사람들이 세상을 떠났다. 심지어 몇 해 전에는 앞날이 촉망되는 캐나다 영락교회의 젊은 목회자인 이모 목사님도 하루 사이에 병으로 가족을 남겨 놓고 세상을 떠나는 것을 보았다. 애석하고 슬픈 일이다. 너희 인생들은 돌아가라는 하나님의 말씀 앞에는 남녀노소의 구분이 없다.

그럼에도 불구하고 "사피엔스"의 저자인 이스라엘 히브리대학의 유발 하라리 교수(역사학. 40)는 인간은 "지식 혁명"을 넘어 "영생혁명"으로 나가고 있으며 죽음극복을 위해 하나님을 기다릴 필요가 없다고 말하고 있다. 구약 창세기 2장 17절에 나오는 "선악과 나무"를 "지식 나무"로 보고 있고 죽음 문제를 과학 문제에 불과하다고 보고 있다. 인간의 지식으로는 하나님을 알 수 없으며 불가능하다. 다만 현대과학의 위대한 성과가 있다면 사람의 조기 사망으로부터 구해, 자연 수명을 잠깐 연장해 준 것이라고 할까.

8.15 광복절 이전의 한국인 수명이 남자 평균 36세, 여자 38세이든 것이 이제는 78세, 83세로 크게 연장된 것이 이것을 증명하고 있다. 150살까지 살게 하려면 의학은 인간 신체의 근본적인 구조와 과정을 재설계해야 한다고 생각하고 있다.

앞으로 30년쯤 후에는 전 세계 100세 인구가 600만 명에 달한다는 예상도 나와 있다. 의학계에서 보는 魔의 벽은 120년으로 보고 있고 구약 성경에 나오는 중요 인물 중 모세(120세), 여호수아(110세), 요셉(110세)의 예를 들고 있다. 그러나 120세의 건강한 모세도 그의 기도 중에 인간의 수명은 70, 강건하면 80이라고 정의하고 있다. 하나님이 정하신 인간의 평균 수명이다.

이를 내용적으로 분석하여 보면 일하는 시간 26년, 잠자는 시간 25년, TV 보는 시간 10년, 음식 먹는 시간 6년, 화를 내는 시간 2년, 웃고 기뻐하는 시간 88일, 남자와 여자가 각각 관심을 가지는 시간 1.5년으로 본다.

물론 예외를 부정하는 것은 아니다. 나의 삼촌도 100세 이상을 사셨고 중국 선교사로 일하였던 방지일 목사도 103세로 2014년에 하늘나라로 가셨다. 오래 건강하게 살기 위해서 운동도 하고, 음식도 소식으로 영양 있는 것을 먹고, 즐거운 여행도 하고, 여러 가지로 좋은 것을 생각(BMI 측정 등)하는 것이 필요하지만, 自古로 人命在天이라고 역시 우리의 삶의 년 수는 하나님의 계획과 결정에 기인하고 있다.

내가 아는 분의 남편은 동부에서 이곳 LWV로 아내와 함께 이사를 오다가 교통사고로 세상을 떠났다. 현재 New York에 살고 있는 나의 대학 졸업동기생은 6.25 때 포병장교로 참전하였다가 강원도 고성에서 중공군에 포로로 잡혀 자강도 포로수용소에서 수용생활 중 거기서 탈출하여 극적으로 사단본부로 귀대한 일도 있다. 캐나다 큰 빛 교회 임현수 목사는 십여 년간 북한의 어린이를 돕고 북한 여러 곳에 국수 공장을 세워 부족한 식량을 공급하여 주었지만 2015년 초에 북한에 갔다가 북한 정권을 해롭게 하였다는 명목 하에 돌연 간첩으로 몰려 지금은 강제노동 수용소에서 언제 죽을지 모르는 안타까운 여건 하에 있다. 우리는 내일 일을 알지 못하는 잠깐 보이다가 없어지는 안개와 같은 존재이다.

인간의 생명은 전적으로 하나님의 손에 있음을 나는 과거의 삶을 통해 체험적으로 너무나 잘 알고 있다. 나는 1950년 6월 25일 전쟁 1주일 만에 북한 인민군에 나오라는 영장을 받고 도망하여 황해도 구월산에 숨어서 메뚜기만 3개월 동안 잡아먹고 연명하였다. 영장을 받고 낙동강 전투에 참석한 학우들은 모두 무모하게 귀하고 귀한 자기 생명을 북한 정권을 위해 강제 동원되어 전사하였다.

10월 U.N. 군이 북상하였다는 소식을 듣고 하산하였다가 중공군의 참전으로 부득이 1950년 12월 6일 눈보라 치는 영하 20도의 추위 속에 황해도 사리원을 떠나 도보로 여러 날 만에 서울 근교 수색까지 왔으나 검문소의 검색에 걸려 죽음의 직전에 하나님의 은혜로 풀려나 九死一生으로 대한민국에서 살게 되었고 6.25전쟁으로 인한 파괴된 國土를 復舊하는데 크게 獻身奉仕하게된 것도 모두 하나님의 計劃이었음을 고백한다. 미국에 온 후에도 Arizona 주의 도로개발을 위시하여 미국 내의 굴지 회사인 Bechtel Power Co., Fluor Corp., Stearns & Roger Inc., Global Marine Development Inc.에서 일하였고 또한 미국방성 공무원으로 미국을 위해 13년을 봉직 헌신하였다.

그러나 가장 기쁘게 생각하고 감사한 일은 하나님의 교회를 5개나 미국 내에서 개척하였다는 사실이다(그중 하나인 1983년 개척한 Barstow 한인교회의 개척 수기의 내용이 미주 한인장로교 신학교에서 발간한 책에 수록되어 있다). 이 모든 일을 하게 만든 주인은 나의 삶을 주관하시고 섭리하시는 하나님이시다.

제목을 “인간의 수명”이라고 하였기 때문에 한번 나의 삶의 지나온 과거를 하나님의 은혜의 강물(구약 에스겔 47장 1절-5절)에 준하여 시대적으로 분석해 보았다. 1934부터 1945년(11년 일제강점기의 중국생활)까지의 기간은 하나님께서 나에게 주신 은혜의 강물이 나의 발목까지 오르게 하셨고, 1945년부터 1950년(5년의 북한 공산정권 치하에서 생활)까지의 기간은 은혜의 강물이 무릎에 오르게 하셨고, 1950년부터 1968년(18년 대한민국에서 생활)까지의 기간은 은혜의 강물이 허리에 오르게 하였고, 1968년부터 2016년(48년간의 미국생활)까지의 기간은 은혜의 강물이 넘쳐 내가 수영하지 않고서는 건너지 못할 강이 되었음을 고백한다.

그래서 오늘도 나의 등 뒤에서 나를 돌보시며 때로는 앞서가시는 주님을 항상 생각하며 감사하면서 푯대를 향하여 그리스도 예수 안에서 하나님이 위에서 부르신 부름의 상을 위하여 좇아가는 나의 삶이 되기를 기도하고 있으며 나의 수명이 다할 때까지 나의 달려갈 길을 잘 마치려고 매일 매일 힘쓰고 있다.(딤후 4:7)

기회가 허락된다면 “다리(Bridge)와 연관된 나의 삶(2)”을 약속대로 다음 기회에 기술하려고 합니다.

예찬! 라우빌(LWV)의 행복

태공 주 강

마음먹기 달렸다지만
행복도 전염된다네요

행복을 훈련으로도 얻을 수 있다 하고
행복해지고 싶으면 행복한 이들 곁으로

그래 우리 이리로 모였나 보다
참말 잘한 결정이다. 우리 모두!

설혹 우연의 마지막 선택일지라도

나 웃으며 살다
그리 가리라
비록 영혼은 무언가
충만히 채우지 못하여도
즐거움을 연습하고
웃음으로 이어가는
남은 나날을 엮어가며

삶의 의미와 목적을
굳이 고집 말고
그저 웃고 산다면
이미 바라는 대로
잘 돼 가고 있는지도

오늘 밤 서산에
달 아니 돋고
내일 아침 동산에
해 다시 뜨지 않더라도
그저 그때까지
가냘픈 미소로나마
웃을 수만 있다면

젊은 한 때
그 수 많았던 방황들
깡그리 떨쳐 버리고
이제는 웃자 마지막까지

맑은 영혼 평온한 마음
하고픈 대로 내키는 대로
아무 구애 받지 말고
그냥 즐기며 웃으며……

클럽 하우스에서 운동하고
수영으로 몸 식히고 탁구치고 노래하고
아직은 서툰 댄스 솜씨 뽐내며
어쩌다 입어보는 화려한 정장에
멋 내고 모여 앉아 즐거운 만남 갖는 곳

무덥던 여름 밤하늘 수 없는 별빛 아래
시원한 바람 겨드랑이를 간지를 때
함께 마실 나온 할망구 할배
잔소리 듣고 흰소리 주며 받으며
짝 찾는 개구리 떼 어지러운 합창소리 따라
초생달 여울진 Aliso Creek 따라 걷는 맛
진정 이곳 지상낙원일지라

온종일 전등 환한 공방에 묻히어
멋 담은 예술품 빚어내는 주름진 손
구슬땀 젖은 긴 파란의 세월 흔적에
굵은 주름으로 움푹 패인 얼굴들
작품 산실 안 열기를 뿜어내누나

다시 한 주를 마감하는 금요일 밤
포만의 하복부를 울리는 저음 색소폰 선율
오색 불빛 영롱히 밝힌 섹시한 볼룸댄스장
뭇 시선 잡는 뽕브라와 숱 많은 짙은 색 가발
어느 편이 더 어울리는 아름다운 가식일까

한가한 토요일 아침 등산팀에 섞여
의미 없는 유쾌한 농담 서로 거리낌 없고
한 주 내내 쌓인 땀 다 떨어내며
귀뚜리 우는 가을밤 잔디밭 위 모여 앉아
젊음의 낭만 깊게 밴 클래식 영화감상.

땅거미 깔리는 늦은 오후
일몰에 황홀히 비치는
Green Field 내려다 보며
쾌적한 19-라운지 식당
테이블 가 자리 틀고
마무리 짓는 골퍼들의 부산함
찬바람 이는 어둑녘 밤안개
시원한 맥주 거품에 비껴보는

새들백 캐년의 야경 파노라마
이른 아침 타이치 운동으로
밤새 뻣뻣하여 진 몸과 마음
긴 들숨 날숨으로 함께 풀어내고
송글송글 땀에 밴 얼굴 마주하며
둘러 앉아 커피 한 잔에 도넛츠
나누는 아침인사 정겹다

지난 해가 다시 기억되는 독립기념일 밤
새들백 대평원이 한 눈에 드는 그 잔디밭 위
놓칠 새라 부산히 전후 사방 고개 돌려가며
여기저기 쏘아 올리는 Firework지켜 본다

밤하늘 밝히는 환상적 불빛 소나기
절로 나는 환성 어둠 울리는 폭죽굉음
섬광의 불빛 아래 급히 카메라에 담는다
또 한 해의 역사적 기념행사를 앞으로
다섯 번, 열 번, 스무 번…아니면 몇 번이나 더

마지막 축복의 보금자리 살아있는 그날까지
감사하며 즐기리 건강이 허락하는 동안만은
즐기며 행복 만들고 다시 느끼고 또 웃고
반세기 동안 잘 가꾼 이 귀한 삶의 터전에서

맑은 하늘, 푸른 잔디, 사철 꽃과 고목나무,
깡충 토끼, 재주 넘는 다람쥐, 유영하는 오리 떼,
밤 하늘의 찬 별과 솔솔 부는 바람까지라도…
그리고 마주치는 새우등의 이웃까지도 물론

이 모두를 우리 감사하며 예찬하자
깊이 행복 느끼며 천진한 웃음으로

여러분, 거듭 축하하며 또 환영합니다.
파라다이스, 라우빌(LWV)에 오심을!

그리고 언젠가 떠나야 할 때는
"Smile! 웃으세요!" 평아안하게.

사랑의 DNA

한주용

사랑이 무엇일까?

여기에 대한 대답은 사람마다 견해가 서로 다르리라고 본다.

트로트 가수 나훈아의 노래 "사랑은 눈물의 씨앗"이 1968년 히트를 했다.

"사랑이 무어냐고 물으신다면 눈물의 씨앗이라고 말하겠어요."

눈물과 고통의 시련이 없이 달콤한 사랑은 존재하지 않을 것이다.

우리말 씨앗은 씨를 말하지만, 종자로서 낱알을 말할 때는 '씨알'이라고 한다. 김기석 목사님은 사랑의 본질을 관심, 존경, 돌봄, 책임 이렇게 4가지로 설명했다.

나는 위의 사랑의 본질을 영어로 씨알씨알(CRCR)로 표현하고 싶다. 즉 Concern, Respect, Care, Responsibility의 첫 글자이다. 사랑을 구성하는 인자가 바로 우리말 씨알과 통한다는 생각이다.

그러나 하나님의 사랑은 변하지 않는 사랑, 조건 없는 사랑(Unconditional love)이라고 할 수 있다. 그것은 부모의 "내리" 자식 사랑에 가깝다고 볼 수 있다.

우리가 계속 서로 사랑한다는 것은 쉬운 일이 아니다. 우리들의 사랑은 조건부 사랑(Conditional love)이고 변덕스러운 사랑(Mercurial love)이라고 할 수 있다. 우리는 주로 느낌과 감정으로 사랑하기 때문에 애정과 증오는 상황에 따라 시시때때로 변하기 마련이다.

부모는 자식이 아무리 잘 못 하고 불행한 경우를 당하더라도 사랑을 멈추지 않는다. 부모와 자식 간의 사랑은 천륜이기 때문이다.

"하나님께서 당신의 외아들을 이 세상에 보내주셔서 우리는 그분을 통하여 생명을 얻게 되었다."

"하나님께서는 당신의 아들을 보내주셔서 우리의 죄를 용서해 주시려고 제물로 삼으시기까지 하셨다."

하나님은 이렇게 우리를 무한정 사랑하셨으니 우리도 서로 사랑해야 한다. 우리 안에 사랑이 있다면 그것은 하나님이 우리 안에 이미 함께하심이 아니겠는가?

한마디로 하나님의 사랑은 지고지순하고 숭고하기에 부모의 자식 사랑과는 비교할 수 없다. 우리가 하나님을 알면 진정한 사랑을 아는 것이다. 하나님은 곧 사랑이시기 때문이다. 하나님을 안다는 것은 믿음의 확신을 의미한다. 충만한 사랑과 행복이 하나님 믿음 속에 다 있다.

우리가 이 세상을 떠날 때도 하나님의 품속으로 우리를 인도하는 것은 믿음이다. 믿음이 없으면 진실하고 숭고한 사랑을 인식할 수 없다.

"믿으면 하나님을 알고 하나님을 알면 진정한 사랑을 안다."

DNA는 핵산의 일종이며 주로 세포의 핵 안에서 생물의 유전 정보를 저장하는 물질이다.

따라서 사랑의 DNA는 하나님의 "믿음(Faith)"이나 "신뢰(Confidential)"를 바탕으로 사랑의 정보를 저장하는 창고다. 비록 사랑을 한마디로 정의할 수는 없다 하더라도 사랑은 우리의 지성과 감성으로 표현할 수 없는 하나님이 주신 "그 무엇"이라면 그 본질 속에 서로 이어 주는 신뢰라는 연결 고리가 필요하다. 그러므로 부부간의 사랑의 핵심을 나는 "신뢰"라고 믿는다.

따라서 사랑의 DNA는 Confidential의 영문 첫 글자 씨(C)와 씨알 씨알(CRCR)처럼 신뢰, 관심, 존경, 돌봄(배려), 책임, 이런 인자와의 상호 결합체라는 생각을 해 본다.

이처럼 하나님 사랑은 가볍지 않고 깊은 묘미가 있다.

나는 세포의 핵과 같은 씨, 씨앗, 씨알을 떠올리며 "씨-씨알-씨알" 미친 사람처럼 하루에도 몇 번씩 사랑을 중얼거려 본다. 만시지탄이라고 할 수 있다. 좀 더 미리 알았더라면 아내에게 이렇게 미안한 마음이 덜 했을 것이다.

이제 얼마 남지 않은 나의 여생을 하나님의 믿음 안에서 가슴 뜨거운 사랑을 하고 싶다.

제 7 부
늘 푸른 마음으로

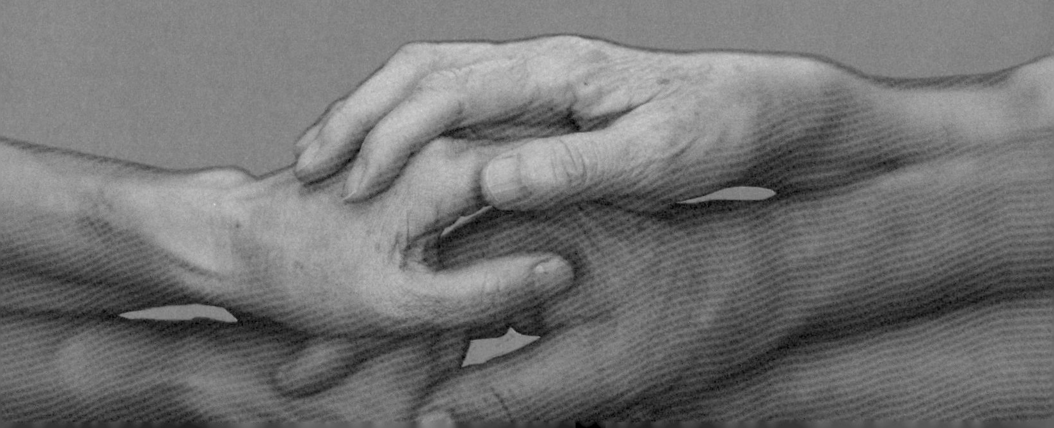

LWV Laguna Woods Village

아름다운 동행

소망 소사이어티에 거는 기대

김병희

사람은 두 번 죽지 않는다.

한번 죽음으로 우리들의 생명을 잘 정리해야 한다. 하나밖에 없는 생명인데 당연한 일이다. 간혹 우리는 멋있게 죽으려고 한다. 이름을 남기려고 갖은 수단으로 명예를 얻고 돈을 많이 벌어 호화롭게 살려고 한다. 솔로몬 왕이 말했듯이 우리 인생은 아침의 이슬이요, 한 송이 백합화에 불과하다. 그러니 얼마나 허망한 일인가.

그러면 이 세상에서 가장 멋있게 죽은 사람은 누구일까 생각해 보면 아마도 예수님이시다. 예수님이 우리들의 죄를 사하시어 십자기에 못박혀 돌아가신 분이다. 그리고 사흘 만에 살아나시어 승천하시니 우리들은 예수님의 말씀대로 살아야 한다. 이 예수님의 말씀이 "소망 소사이어티"의 기본 정신이요, 앞으로 나아갈 길이라 생각한다.

그런 뜻에서 "소망 소사이어티"에서는 "아름다운 삶, 아름다운 마무리라는" 슬로건으로 사업을 시작했다. 그러니까 당하는 죽음에서 맞이하는 죽음이 얼마나 홀가분한가를 생각해 봄 직하다. 필자도 처음 소망 소사이어티를 접했을 때 거리를 두었다. 우선 지금 건강하게 잘 살고 있는데 죽음이란 웬 말인가 부정적인 시각으로 보게 되었다.

그런데 우리가 나이를 먹고 언젠가는 세상을 떠나야 한다는 사실은 틀림없는 진실이다. 나 혼자만이 유아독존으로 살 수는 없다. 우리는 언젠가 떠나야 한다는 것이다. 사랑하던 아내, 자식, 다정했던 친구, 지인들과 헤어져야 한다. 준비 없이 떠나는 분들을 나는 이곳 Laguna Woods에서 많이 보았다. 좀 안타까운 일이다.

그래서 본인은 생각해 보았다. 미국에서 40여 년을 살면서 무한한 축복을 받으며 살았다. 그리고 말년에 아름다운 곳, 살기 좋은 Laguna Woods에 와서 살고 있다는 것만으로 행복하다. 그러면 무엇으로 보답해야 할 것인가를 생각 중에 시신기증 프로그램에 동참하기로 결심했다. 처음엔 두렵거나 이상한 감정에 싸였다. 아내에게 권유했다. 아내는 결사코 반대였다.

어느 날 아내가 시신기증 서를 달라고 했다. 그러더니 얼마 후 시신기증 서를 작성하여 나에게 주었다. 이제 우리 부부는 할 일을 다 했다. 아내에게도 감사하다. 그러고 보니 나와 동행 할 분을 인도하고 싶었다. 그래서 "소망 소사이어트"의 홍보대사로 일하기를 자원했다.

나는 홍보대사를 하면서 시신기증을 강요하거나 권하지 않았다. 시신기증은 본인이 알아서 하는 것이다. 인생의 마무리가 아름다워야 삶이 아름다워진다는 진리를 체득하는 순간 나는 희열에 쌓였다. 나는 그 기쁨에 노래를 한다.

소망의 주제가를!
아름다운 삶을 위하여 준비하리라.
홀로 가는 여행 위해 준비된 이별 맞으리.
넘기고 가는 사랑, 우리 해야 할 소명.

세상 만물이 변하듯이

김소향

세상 만물이 변하는데 하물며 사람이 한 마음으로 일생을 살 수 있으랴. 필요에 따라 선택의 여지없이 때로는 본인의 의지와 결단에 따라 수시로 마음을 바꾸며 살아가는 것이 인생사인가 보다.

며칠 전에 처음 갖게 될 최신형 휴대전화를 구입하는 과정에서 기존의 번호를 바꾸면 200 달러를 준다는 달콤한 권유를 받았다. 고지식하기 그지없는 그이의 만류에도 불구하고 번호를 바꾸기로 결정하면서 새 번호를 아들들과 아는 분들에게 이메일로 보내면 간단하다고 설득했다. 그러나 지역번호만은 예전과 같은 뉴욕 번호(917)를 고르면서 뉴욕은 역시 내 가슴에 자리 잡은 그리움, 그 자체였음을 다시 느꼈다.

이백 달러에 쉽사리 매료되어 오래 갖고 있던 전화번호를 미련 없이(?) 바꾼 아내의 태도가 달갑지 않았을 그이처럼 나도 한 때는 변화를 싫어했었다. 아니 변화가 두려웠다는 표현이 더 적절하겠다. 살아온 동안 가장 오래 머물렀던 뉴욕에서의 사십여 년 동안 집 주소, 전화번호, 직장, 거래하던 상점들을 바꾸지 않았으며 하물며 출퇴근 때도 같은 길을 택했다. 이유나 핑계야 있었으나 실은 모험심 부족한 성격 때문이었다. 덕분에 낯선 환경에 적응해야 하는 시련도 겪지 않고 마음 편히 살았었다.

시대에 발맞추며 살아야 한다고 진작부터 신형 휴대번호로 바꾸라는 그이의 권유에는 아랑곳없이 손바닥 반절 크기의 구형을 고집하며 다섯 해 동안 사용했었다. 작고 가벼워 갖고 다니기 편하고 기능이 무한하다는 신형으로 바꾸면 용도를 다 이용하지 못하여 손해를 보는 기분일 듯했다.

그런데 어느 때부터인지 전화기의 글자가 작아지며 희미해져 읽으려면 눈이 찡그려지고 눈 주위의 주름살이 깊어지며 눈이 쉽사리 피곤해졌다. 전화를 쓸 때마다 안경을 찾느라 서두르게 되니 짜증도 나기 시작했다.

전화를 한동안 사용하다가 강의를 들으면 이해하기 쉽다는 강사님의 조언대로 온갖 일 젖혀두고 전화 사용법에 관한 수업을 시작했다. 성의를 다하여 봉사하시는 여러 선생님의 해박한 지식, 진지한 모습이 우러러 보이며 고맙기 그지없었다. 아들들한테 컴퓨터나 휴대전화 용도를 배우던 시절, 잘 이해하지 못하면 그 정도도 모르느냐는 듯한 핀잔을 받고 화가 치밀었던 옛일이 떠올랐다. 알아듣지 못하는 수강생들이 오죽이나 답답했으랴마는 수 없이 반복하시던 강사님들의 인내심에 탄복했다.

열심히 배운 덕분에 몇 가지 사용법을 터득하니 자신감이 들고 재미가 나서 신형을 사도록 극구 권유한 그이가 고마웠다. 휴대전화로 찍은 사진을 이메일로 친구에게 보낼 수 있었던 어느 날 그이에게 자랑도 했다. 전화기의 글자가 크고 더구나 크기를 조절할 수 있어 안경 없이도 사용할 수 있는 편리함 때문에 갖고 다니기에 무거운 불편을 감내하고 있다.

갈수록 새로운 일에 직면했을 때 겁이 나지 않는 것도 나이 들면서 얻는 부수적인 이득 중의 하나다. 진작부터 도전적으로 살았다면 인생의 행로가 어찌 변했을까, 느닷없이 떠오르는 상상에 혼자 웃고 말았다.

지금은 지나간 날들을 되돌아보기보다는 오는 날들을 맞아들일 준비에 전념해야 할 때임을 알 나이가 되었는데도 실천하기가 쉽지 않다. 변화나 소망이 단순히 나의 의지만으로 가능하지 않음을 어렴풋이 깨닫는다. 변화를 두려움 없이 받아들일 수 있고 더구나 선을 위해서는 서슴없이 변할 수 있는 그런 날들이 기다리고 있다면 분명히 축복받은 여생일 듯하다.

늘 푸르게 삽시다.

나윤태

건강한 모습으로 여러분을 뵙게 되어 반갑습니다. 동서의 고금을 막론하고 인류 역사의 소원을 보면 무병장수해서 오래오래 살기를 원하고 있습니다. 그래서 중국 한나라 진시황 같은 분은 만리장성을 쌓고 산수갑산에 불로초를 구하여 장수하기를 원했습니다.

그러나 따지고 보면 오래오래 시들시들 병들어 사는 장수 인생보다는 짧아도 굵게 뜻있고 값있는 보람된 인생으로 사는 것이 중요하다고 생각합니다.

그래서 요사이 저의 표어는 '99. 88. 1234, 백세까지 복음을 전하며 팔팔하게 일하며 살다가 2,3일 정리하고 주님 앞에 섭시다' 하며 살고 있습니다.

그래서 우리 '부모님 사랑 선교회'에서 14년 전에 만든 주제가를 부르며 북 치고 장구 치며 선교 여행을 다니고 있습니다.

0. 우리들의 인생은 70살부터 마음도 몸도 왕성합니다.
   70세에 우리를 데리러 오면 지금은 안 간다고 전해 주세요.
1. 우리들의 인생은 70살부터 언제나 생글생글 웃고 삽니다.
   80세에 우리를 데리러 오면 아직은 빠르다고 전해 주세요.
2. 우리들의 인생은 70살부터 아무것도 불만 없이 살아갑니다.

90세에 우리를 데리러 오면 재촉하지 말라고 전해 주세요.
3. 우리들의 인생은 70살부터 언제나 감사하며 살아갑니다.
100세에 우리를 데리러 오면 서서히 가겠다고 전해 주세요.

하며 노래하고 있습니다.

그런데 문제가 생겼습니다. 우리 회원들 가운데 김익환 목사님께서 올해 88세이신데 언제나 팔팔하게 사시면서 매일 Push up 40번 이상, 줄넘기 300번 이상, 새벽기도 끝난 후 조깅(jogging) 한 시간, 피아노 30분, 푸른 풀밭, 푸른 채소, 푸른 약초를 자시면서 건강하게 팔팔하게 사십니다. 계속 이 상태(컨디션)면 나도 모세처럼 120세까지 살 수 있다고 그것도 한두 번이 아닌 여러 번 말씀하시기 때문에 부득불 우리들의 노래를 100세에서 120세로 작년에 수정했습니다. 그래서

우리들의 인생은 70세부터 언제나 기도하며 살아갑니다.
120세에 우리를 데리러 오면 '아멘, 할렐루야' 가겠습니다.

그래서 누가 무어라고 하든 120세를 살기로 결정했습니다.

구약 성경 예레미야 17:5~8에 보면 여호와를 의지하는 자와 의지하지 않는 자의 차이점을 설명하면서 '여호와를 의지하고 의뢰하는 자는 복을 받을 것인데- 이는 마치 물가의 심기운 나무가 그 뿌리를 강변에 뻗치고 더위가 와도 두려워 아니하고 그 잎이 청청하며 가무는 해도 걱정이 없고 결실이 그치지 않음 같도다' 말씀하고 있습니다. 우리가 하나님을 믿으며 하나님을 의지하고 의뢰하면 물가에 심기운 나무처럼 영육간에 건강하게 늘 푸르게 살 수 있다는 말씀입니다.

지금으로부터 130년 전에 큰 가뭄이 있었다고 합니다. 온 천지 산천

초목이 다 말라죽어가고 있는데 어느 동리에 있는 큰 소나무만은 청청 푸르게 하늘을 찌를 듯 자라나고 있었다고 합니다. 이 소식이 전해지고 전해지자 영국 캠브리지 대학교 식물반에서 현지를 조사하러 나와 외부적으로 아무리 조사해도 알 길이 없어 땅을 깊이 파서 사방을 보니 동쪽으로 큰 뿌리가 뻗어 나가고 있는데, 그 뿌리를 추적해 보니 거기에서 3Km 지점까지 뻗쳐 있었다고 합니다.

그 뿌리의 근원을 살펴보니 데임스 강 깊은 바닥에 박고 있었다고 합니다.

우리들의 신앙생활도 생명의 근본이 되시고 사랑과 능력의 근원이신 예수 그리스도에게 뿌리를 박고 있는 한, 늘 푸르게 건강하게 아름다운 열매들이 주렁주렁 맺어질 줄로 믿습니다.

늘 푸르게 삽시다.

시카고 성결교회 원로 목사
미주 한인 기독교 총 연합회 증경회장
세계 선교 동역 (KIMNET)고문

늙은 부부의 삶 그리고 준비

손기용

아주 옛날 그리스 신화에 나오는 "바우키스와 필레몬, Baucis & Philemon"이야기가 생각난다. 제우스(고대 그리스의 최고신)와 아들 헤르메스(신들의 사자,使者)는 이 세상에 대홍수를 일으키기에 앞서 생존할 만한 가치가 있는 인간이 있는지 알아보기 위해 피로한 나그네로 변신하고 지상에 내려왔다. 사람들은 문을 꼭 닫아 잠그고 그들을 냉대했다. 어느 날 밤 그들은 프리기아(소아시아 지방)의 어느 산허리에서 가난한 농민으로 살아가고 있는 필레몬과 그 아내인 바우키스가 사는 외딴 오막살이집을 찾게 된다. 노부부는 나그네를 온갖 정성을 다해 극진히 대접했다. 식사는 초라하기 짝이 없었으나 거기에는 정성이 담겨 있었다.

이때 기적이 일어났다. 포도주를 아무리 마셔도 그 병이 가득 차곤 했던 것이다. 그리고 노부부가 나그네를 대접하기 위해 애지중지 기르던 한 마리밖에 없는 거위를 잡으려 했을 때, 제우스와 헤르메스는 이를 만류하고 자신들의 정체를 밝히면서 앞으로 지상에서 일어날 일을 그들에게 이야기했다.

제우스와 헤르메스가 노부부를 산으로 데려가 정상에 올랐을 때는 이미 그 지방 일대가 물바다가 되어 있고 노부부의 오두막만이 남아 있었다. 두 신은 이 오두막을 화려한 신전으로 바꾸어 주었다. 그리고 제우스는 필레몬에게 소원이 무엇이냐고 물었다. 이에 그는 아내와 같이 여생을 제우스 신전의 신관으로 지내고 싶다고 하고, 또 어느 한쪽이 먼저 죽어 살아남은 사람에게 슬픔을 주지 않도록 부부가 한 날 한시에 함께 죽게 되기를 바란다고 했다. 제우스는 그 소원을 받아들였다.

둘은 살아있는 동안 신전을 지키다가 늙고 늙어 쇠약해진 어느 날, 둘이 마주보며 이야기를 하다가 필레몬의 몸에서 나뭇잎이 돋아나기 시작했고 곧 두 사람의 머리 위에 나뭇잎 관이 되었다. 둘은 서로를 향해 작별인사를 하고, 프리기아 지방의 어느 언덕 위에 두 그루의 나무, 참나무와 보리수나무가 되어 나란히 서 있다. 이곳을 지나는 나그네들은 노부부가 천상의 손님을 경건히 대접한 것을 기념하여 그 가지에 꽃다발을 걸어주었다.

이 신화에서 필레몬과 바우키스 부부는 한 날 한시에 죽게 해 달라고 제우스에게 빌어 소원을 이룬다. 동양에선 "함께 늙고, 죽어 한 무덤에 묻히자"는 사랑의 맹세를 해로동혈(偕老同穴: 偕, 함께; 老, 늙어; 同, 같은; 穴, 동굴, 무덤)이라고 했다.

우리는 결혼 후 오랫동안 오하이오 주에서 살다가 은퇴 후 이곳 남 캘리포니아의 라구나우즈, Laguna Woods에 와 수년간 살고 있다. 이곳 라구나우즈라는 곳으로 이사 온 것 정말로 잘 한 것 같다. 무엇보다 이곳 남부 캘리포니아의 일기는 너무나 좋다. 더러 덥기도 하나 습도가 낮아 그렇게 덥게 느껴지지 않고 별로 춥지도 않을뿐더러 겨울에 눈이 내리지 않아 눈 속에서 운전할 일이 없다. 이곳에서 해변을 가도 약 5마일밖에 되지 않아 마음만 먹으면 언제든지 갈 수 있다. 한식 등 여러 나라 식당이 멀지 않은 곳에 있으니 심심하면 나가 먹는다. 이곳은 55세 이상의 사람들이 사는 은퇴지인데 경비원이 문에서 출입을 감시하는 주택지(gated community)로 비교적 안전하게 느낀다. 주위에는 모두 노인들이 있어 나쁜 것도 별로 없고 오히려 마음이 편하다. 여러 가지 오락 시설이 많다. 가까운 거리에 골프뿐 아니라 댄스도 할 수 있고 수영도 할 수 있다. 노인 대학도 있어 이것저것 배울 기회가 많다. 한국인들도 많아 친구들도 사귀기 좋고, 한국말을 거의 매일 하니 이제 영어도 서툴러지는 느낌이다. 아들, 친척, 대학 동기들도 멀지 않은 곳에 살기에 더러 만나 즐거운 시간을 가지며 지낸다. 낙원에 살고 있지 않나 하는 느낌이다.

어느 친구는 나에게 다시 젊어지고 싶으냐고 물어보는데 나는 그럴 마음이 없다고 대답한다. 다시 젊어져 살 자신이 없고, 지금껏 살아온 것에 대해 감사만 한다.

옛적에는 만약 가능하다면 30세 나이로 젊어졌으면 하기도 했는데 늙어 사는 것이 편안하기만 하다. 지금 우리들은 우리들이 원하는 것을 하고 지내니 불만이 거의 없다. 원하는 시간에 잠에서 깨고, 낮잠도 자고, TV보다가 원하는 시간에 자고, 이제는 출근, 퇴근 시간도 없다. 직장의 상관도 없다. 하지만 집안에서 마누라라는 상관은 있다. 후회하는 일이 있나 하고 생각도 해보지만 이제는 늙어 그런지 기억이 나지 않는다.

우리 둘은 대화도 할 수 있고 취미도 비슷하다. 집안에서도 우리는 서로 도와 가며 살고 있다. 물론 마누라가 나보다 집안일을 많이 한다. 저녁 식사 준비는 주로 마누라가 하지만 아침식사 준비는 내가 한다. 빨래는 마누라가 하고, 나는 집안 청소를 하고, 식사 후 그릇을 닦는다. 주로 마누라가 여러 가지 일을 결정하지만 중요한 것은 서로 상의한다.

시장에 나가는 일은 주로 마누라가 한다. 옛 적에 나는 옷이 별로 없었는데 마누라가 하도 사들여 현재로는 너무나 많다. 여기서 끝나지 않는다. 어디 나갈 때 마누라는 내가 입은 옷을 보고 바꿔 입으라고 하는 일이 많아지니 이제 나는 나가기 전에 마누라가 입으라는 옷을 입고 나간다. 나가기 전 입고 있어 보았자 갈아입을 경우가 너무나 많기 때문에 속옷만 입고 기다린다.

그래도 내가 조금 잘하는 것이 있다. 그 중 하나가 운전하는 것이다. 방향감각이 좋아 둘이 같이 나가면 주로 내가 운전을 한다. 그래도 내 마누라가 여러 면에서 나보다는 월등하다. 수 년 전까지 우리들은 여행을 자주했는데 이제는 뜸해졌다. 그래도 가까운 곳에서 오페라를 볼 수 있는 기회가 많기에 자주 감상하니 오페라에 대한 취미가 전보다 많아졌다.

남녀나 부부 사이의 두터운 정을 비유적으로 이르는 말로 "비익조, 比翼鳥"라는 단어가 생각난다. 암수의 눈과 날개가 하나씩이라서 짝을 짓지 않으면 날지 못하는 새를 말한다. 우리는 비익조인가? 무엇보다 내 마누라는 나의 제일 중요한 벗이다. 비익조라고 이야기 했는데 약간의 두려움이 앞선다. 언젠가는 우리 중 하나가 이 세상을 떠나면 홀로 살게 될 텐데 더러는 두 날개를 가져 보는 것도 중요할 것 같다. 나도 마누라가 하는 것들을 배워야겠다. 마누라도 내가 하는 것들을 배워야 할 거다.

언젠가는 저 세상에 가야 한다는 생각을 한다. 우리는 어떻게 할까? 그리스 신화에 나오는 필레몬과 바우키스 부부처럼 한 날 한시 죽는 방법도 있겠지만 우리는 그리 생각하지 않고 있다. 주어진 운명에 따라 살다가 죽어도 되겠지! 홀로 된 후 혼자 살 수도 있겠다. 김형석 연세 대 명예교수에 의하면 노년기에 홀로된 후 외롭지 않으려면 이성 친구와 '우정의 동거, 友情의 同居' 하라는 충고도 읽었다. 그렇다고 이성 친구와 동거할 필요도 없고 그냥 친구로 지내도 좋을 거다.

그리스인들은 죽은 자만의 영혼이 가는 사후 세계 또는 지하 세계(underworld)가 있다고 믿었다. 지하세계 주변에는 아스포델 꽃(Asphodel; 아스포델 초원에 피는 불사의 꽃으로 수선화의 일종)이 만발해 있다고 한다. 지하세계는 세 종류의 지역으로 나뉘어 있는데,

1) 뛰어난 영웅이나 착한 일을 많이 한 영혼 또는 신비 종교의 비전 가들이 축복을 받으면서 행복하게 살 수 있는 엘리시온(Elysium), 혹은 '엘리시움 들판(Elysium Fields)
2) 철문으로 둘러싸이고 지하세계 가장 깊은 곳에 자리 잡고 있고 햇빛이 들지 않는 지옥으로 죄를 지어 영원한 형벌을 받아야 할 사람들이 가는 지옥인 타르타로스(Tartarus)
3) 생전에 무관심하게 평범하게 산 인간들이 사후에 가는 곳인 아스포델 초원(Asphodel Meadows)이다.

우리들은 죽어 어디로 가게 될 것인가 생각도 해 본다. 너무나 평범하게 살았기에 아스포델 초원에나 갈 것 같다. 그리고 무덤에 묻혀야 하나, 그렇지 않으면 화장(火葬)을 해야 하나, 또는 시체를 대학에 기증해야 하나, 하는 등 아직 결정하지 못한 것들이 많다.

이제부터는 불평만 하지 말고 좋은 행운을 가지게 된 것에 대해 감사하며 살아야겠다. 그리고 남도 도우며 살아야겠다. 내가 하고픈 것을 즐기면서 남은 인생 후회 없이 즐겁게 살다 가자. 어떤 경우에라도 즐거운 마음으로 살고 행복하도록 노력해야지. "사내가 양보해야지. 지는 사람이 이기는 거여. 그래야 집안이 평안해. 마누라 이기는 놈은 병신이야!"라는 말을 생각해 본다.

그리고 브라이트먼과 보첼리(Sarah Brightman & Andrea Bocelli)가 부르는 노래, "Time to Say Goodbye, (나는 이제 이별을 고하려 한다)"를 되새겨 본다. 이별할 때가 되어 이 세상을 떠나 어디로 가는지 모른다. 그리고 어떻게 하나? 무덤 속은 답답하겠고, 화장하면 너무 뜨거울 거고, 내 시체를 기증한다면 약간 부끄러울 거다.

참고문헌: 1) 송건호 옮김: 그리스 로마 신화. p.93, 북마당, 2011.
2) 인터넷.

어제와 오늘, 그리고 내일

윤민제

오늘도 어제와 똑같다.

아침에 눈을 뜨면 어젯밤 잠시 멈췄던 일상이 다시 계속되는데 하나도 달라진 것이 없다. 이렇게 살다가는 백세는커녕 천 살도 넘게 살지 않을까?

내가 스무 살 어림에 예순 살이 넘은 노인을 보면 너무 추하고 사람 같지도 않아 보여서 난 60세 이전에 꼭 죽으리라 마음먹었다. 내가 서른 살이 되는 해 여름에 아버지께서 54세의 연세로 갑자기 세상을 떠나셨다. 지병도 없으셨는데 밤사이에 심장마비가 일어났던 것이다. 무척이나 존경하고 의지하던 아버지가 졸지에 돌아가시자 청천벽력 같은 충격을 받았다. 더구나 오는 가을에 결혼을 앞두고 있었다. 기가 막히는 슬픔과 앞이 캄캄한 근심에 잠기는 와중에도 아버지는 과연 멋진 분이라는 생각이 머리를 헤집고 들어왔다.

예정대로 그 해 가을에 결혼하여서 아내에게 나도 아버지처럼 60세가 되기 전에 죽을 거라고 말했다. 아내가 펄쩍 뛰면서 말이 씨가 되어 정말 그렇게 되면 어쩌려느냐며 그런 말을 하지 말라고 애원하였다. 바로 그거였다. 내가 60 전에 죽으리라 마음먹는다고 그대로 이루어지는 건 아니잖은가. 환갑 전에 자살이라도 하지 않는 한. 그래서 60 전에 죽겠다는 말을 끈질기게 입에 달고 살았다. 그런데 지금 내 나이 80을 넘겼는데도 아직 멀쩡하게 살아 있다. 내 말엔 씨가 없고 말이 말 같지 않단 말인가?

1990년대, 21세기를 4~5년쯤 앞두고 공포의 루머가 온 세상을 덮쳤다.

서기 2000년이 되면 컴퓨터가 숫자를 잘못 읽어서 모든 분야에 혼란이 생기고 재앙이 일어나 지구가 소멸한다고 겁을 주었다. 이를 뒷받침하듯 노스트라다무스가 1999년까지의 예언만 했을 뿐 그 이후의 언급이 없다는 말도 돌았다. 그리고 퍼시 콜렛이란 나이 많은 목사님은 죽어 천국에 가서 예수님을 만났는데 '내가 곧 세상에 가리라'는 말씀을 듣고 돌아왔다며 여기저기 다니면서 전파하였고, 한국 초대형교회의 조용기 목사님은 일본에 가서 택시를 타고 가는데 한 청년이 느닷없이 옆자리에 올라타더니 '예수님이 곧 오십니다.' 하고는 온데간데없이 사라졌다는 말을 했다고 전해졌다.

또 자칭 선지자 하방익이란 소년이 나타나서 세기 말 어느 날인가 날짜까지 분명히 밝히며 예수님이 재림하시어 세상을 심판하신다고 예언하였고, 홍의봉이란 영화감독은 신의 계시를 받았다며 세기가 바뀌기 전에 말세가 닥쳐온다는 저서를 출판하기도 했다. 매스컴에서는 세기가 바뀔 적마다 흉흉한 루머가 아무 근거도 없이 나도는 법이니 동요하지 말라고 민심을 진정시키려 하였으나 세기말이 가까워 올수록 많은 사람들이 불안에 떨었다. 나도 조금 불안한 건 사실이었지만 어차피 내 뜻에 어긋나게 60은 살짝 넘겼으니 차라리 몇 년을 더 살다가 온 인류와 다 함께 사라진다면 오히려 다행이란 생각이 들었다. 그런데 21세기에 들어서서 지구는 강산이 한 바퀴 반이나 변하도록 별 탈이 없이 돌아가고 나는 여전히 이 땅에 발붙이고 살아 있지 않은가.

봄이 오면 나무가 싹을 틔워서 여름에 초록색 잎으로 옷 입지만 가을이 되면 잎사귀가 빨강 노랑으로 색이 바래고 헤져서 겨울엔 헐벗고 오들오들 떤다. 꽃들도 몽우리가 활짝 피어서 예쁜 얼굴을 하고 미소를 짓지만 한 철을 못 넘기고 쭈글쭈글 주름이 생겨서 스러지고 만다. 오늘이 어제와 똑같은 것 같지만 해묵은 사진을 끄집어내 보면 남의 사진을 보는 것 같다. 어느새 이렇게 쭈그렁 영감이 되어버렸는가?

지금은 60세 노인이 옛날처럼 추해 보이지가 않다. 80이 넘은 눈에는 청춘으로 보인다. 그러나 가끔 깡마른 얼굴로 휠체어에 앉아 간신히 도움을 받아 움직이는 노인들을 볼 때면 내가 저 꼴이 되도록 살면 어떻게 하나 하고 한숨이 나온다. 내 손발로 운전을 못하여 어디에 갈 적마다 자식들의 차에 짐짝처럼 실려 다니게 된다면 얼마나 비참할 것 인가. 그런데도 지금 별로 죽고 싶은 마음이 없다. 해마다 늘어나는 수명의 평균연령을 따라가노라면 100세가 넘도록 살지도 모른다는 망상까지 든다. 20대의 오기는 어디로 갔단 말인가? 철없이 알량한 자존심을 내세운 오만이었던 것이다. 오만은 어리석음의 다른 이름이다. 사람의 목숨이 천하보다 귀함을 몰랐다. 죽음이 인생을 결산하는 심오함도 몰랐다. 세상에 죽음보다 더 높은 수준이 어디 또 있으랴. 부귀와 명예와 권세가 죽음 앞에서는 모두 머리를 숙이지 않는가?

요즘 친지들의 부음을 하루가 멀게 자주 듣는다. 연하인 친지의 죽음 소식을 들으면 그들의 수명을 뺏어다가 내 나이에 보태는 것 같아서 죄스럽다. 그런데도 난 곧 죽을 것 같질 않다. 죽음은 아직 멀리 떨어져 있는 것 같다. 그렇지만 매일 밤 잠자리에 들 적마다 내가 내일 아침에 눈을 뜨게 될까 하는 조바심을 떨칠 수가 없다. 무얼 하나 사고 싶은 충동이 일어나거나, 뭔가 한 가지 시작하고픈 유혹이 생겨도 이제 살면 얼마나 살겠다고, 하는 체념이 마음을 내리누른다.

스피노자가 "내일 지구의 종말이 온다 해도 나는 오늘 사과나무를 심겠다."고 한 말에 머리는 끄떡여지지만 가슴은 공감을 못한다.

아침에 눈을 뜨면 아직 숨을 쉬고 있다는 사실이 신통하게 느껴진다. 지난밤 내 옆에 잠들어 있던 아내의 잠자리가 비어 있는 걸 보면 오늘도 몸이 움직여서 침실을 빠져나갔구나 하고 안도감이 든다.

하루라도 더 살고 싶어서 바동거리다가 어제 죽은 사람의 내일이 바로 오늘 아닌가. 오늘도 어제와 똑같이 침실의 창에 부딪치는 햇살을 보며 눈을 뜰 적마다 감사한 마음이 든다.

내 얼굴이 어때서

이병소

아침 햇볕이 좋아 창밖의 감나무에 물을 주고 들어오는 나를 보고 아내가 말한다.

"여보, 당신 아침에 샤워할 때 물수건에 비누칠해서 얼굴을 좀 박박 문질러요. 마치 농사짓는 농부의 얼굴처럼 거무튀튀한데 거기에 검버섯도 많아서 못 봐주겠네요. 농사도 안 지으면서 농사꾼의 얼굴을 하고 다니면 농부들을 기만하는 건데......"

찬란한 아침햇살에 내 얼굴이 유난히 검고 까칠해 보였나 보다. 아마도 새해 들어 처음으로 우리 마을 농장의 묵정밭을 분양받아 잡초를 뽑고 흙을 갈아엎느라 비지땀을 흘리다 보니 얼굴이 좀 검게 그을었던 모양이다.

그러나 어느 시인의 말처럼 '흙을 사랑하는 자, 대지와 통정하고 회춘한다.'는데 주저하고 마다할 수는 없지 않은가.

그럼에도 짓궂은 아내의 말은 기가 찰 노릇이지만, 남편에 대한 애정이 있기에 내 얼굴에 관심을 가져주는 것이고, 적어도 그 말을 하는 순간에는 마음에 괴로움이 없으니 편안한 농담도 하는 거라는 생각이 들어 웃음으로 대꾸를 해준다.

"아니, 내 얼굴이 어때서"

하긴 얼굴은 마음의 거울이라 했으니 잘 가꾸기는 해야겠다. 그러나 가꾼다는 의미가 얼굴에 화장을 해서 아름답게 분장을 하자는 것이 아니고 많은 수양을 해서 그 인격이 얼굴에 묻어난다는 뜻이 아니겠는가.

그러니 마음을 아름답게 가꾸라는 말이다.

그런데 지금 시대에는 외모 지상주의가 돼서 원하는 얼굴을 주문해서 성형을 하다 보니 비슷한 얼굴이 여럿이 되는 기이한 현상도 일어난다고 한다. 그러기에 염라대왕도 혼동을 일으켜서 저승사자 따라 북망산 넘어오는 저승 객을 다시 이승으로 돌려보낸다는 우스개 소리까지 나오게 되었나 보다. 인격을 갖춰서, 수양을 해서, 얼굴을 가꾸는 것이 아닌 세상이다.

예전에 철학자인 안병욱 교수는 원불교 2대 종법사(宗法師)인 정산 송규 종사(宗師)를 뵙고 나서, '세상에서 가장 아름답고 평화로운 얼굴이다. 얼마나 많은 생을 닦고 또 닦아 수양을 쌓아 적공을 했으면 저런 얼굴이 나올까' 하고 예찬한 글을 읽은 적이 있다.

그렇다. 나이 40이 넘으면 자기 얼굴에 책임을 져야 한다는 말이 바로 그것이 아니겠는가.

정산 종사님의 온화하고 자애로운 얼굴에 만인을 감싸주고 포용해 주시는 자비스러운 모습은 바로 생불님의 화현이 아닐까 생각될 정도다.

우리가 닮아가야 할 얼굴도 백면서생처럼 하얀 얼굴에 조각 미남처럼 깎아 놓은 모습이 아니라, 수양을 많이 해서 성품과 인격이 고스란히 묻어나는 그런 얼굴이어야 하겠다.

그렇다면 고희를 넘긴 내 얼굴은 과연 어떨까?

비록 정산 종사처럼은 아니더라도 내 나름대로 지키는 원칙은 있다.

첫째로, 분수에 맞지 않게 과욕을 부리며 살지는 말자는 것이다.

70 평생을 살아오면서 탐욕에 절어 분수도 모르고 남이야 어떻든 나만 잘 살려고 발버둥 치지는 않은 것 같다. 인간의 욕심은 끝이 없지만 적어도 자신의 처지에 안분하며 살아왔으니 욕심에 찌든 돼지 같은 인상은 아니리라 생각한다.

둘째로, 嗔心(화내는 마음)은 자기 자신의 마음을 태우는 것이다.

화가 난다고 남을 미워하고 소리 지른다고 자신의 마음이 편안해지지 않는다.

마음이 타면 몸도 성하지 못하여 심신이 함께 괴로워진다. 자신의 화를 다스리지 못하면 남에게 그 화가 전이되고 속마음이 고스란히 얼굴에 나타나니 각별히 주의할 일이다. 온화한 마음과 자비로운 성품을 길러서 利他行(남을 이롭게 하는 일)을 하면 자연히 내 얼굴에 묻어들 것이다.

셋째로, 내 나이쯤 되면 남정네들이 흔히 갖게 되는 야심이 하나 있다.

황혼의 저 언덕을 넘기 전에 이름표를 달고 싶은 것이다.

'호랑이는 죽어서 가죽을 남기고 사람은 죽어서 이름을 남긴다.'는 그 말에 현혹되어 이름 석 자를 남기고 싶어 하는 것이다. 평소에 자기의 일을 열심히 해서 우리 사회에 공적이 있으면 자연히 그 이름은 남을 것인데, 뒤늦게 황혼이 가까워지니 안절부절 못하며 이름 석 자 남길 궁리를 하는 사람들을 종종 본다. 체면만 내세우다 보니 염치는 잊고 사는가 보다. 이것이 바로 우쭐대며 자기를 세상에 들어내 놓고 싶은 남자들의 치기 어린 발상이다. 염치없이 억지로라도 이름 석 자를 남기고 죽겠다는 명예욕, 그것이 어리석음으로 나타나는 것이다.

어디 그 뿐인가! 몰라도 아는 척, 없어도 있는 척, 못나도 잘난 척, 온갖 척을 다하며 자신을 과시하고 싶은 사람들의 어리석음이 바로 치심인 것이다.

불가(佛家)에서는 사람이 살아가면서 가장 경계하고 조심해야 할 마음을 삼독심(三毒心)이라고 한다.

貪心(탐욕의 마음), 嗔心(화를 내는 마음), 恥心(어리석은 마음) 이 세 가지 독이 되는 마음을 三毒心이라 부른다.

또한 중생이 고해(苦海)에 빠지고 사바세계(娑婆世界)에서 허덕이는 가장 큰 원인이 바로 이 삼독심 때문이니 확실하게 인생행로에 독이 되는 이 세 마음을 녹여내는 수양을 해서 마음의 자유를 얻으라고 가르친다.

이런 까닭에 탐심(貪心), 진심(嗔心), 치심(恥心), 이 삼독심만 調伏(편안한 마음으로 항복받는 것) 받는다면 누구라도 자기의 얼굴에 책임을 질 수 있다고 믿으며, 나 또한 그런 자세로 살려고 수행하며 노력하고 있다.

비록 거무튀튀하고 시커먼 검버섯이 온통 얼굴을 도배했더라도 이 Laguna Woods에서 몸도 건강하고 마음도 건강하여 분수에 맞게 살아간다면, 따로 얼굴 걱정 안 해도 되는 낙원 생활의 시작이라고 생각한다.

안개 낀 어느 아침에

이혜규

"오늘이 무슨 요일이지요?"

뿌연 안개가 온 동리를 촉촉이 덮어주던 이른 새벽, 집 앞을 서성거리던 신사가 산책하는 나에게 오늘이 무슨 요일이냐고 물었다. 점잖고 인품이 있어 보이는 80대 초반의 노신사였다.

"오늘은 월요일이에요, 7월 21일이구요."

나는 친절히 날짜까지 덧붙여 말해 주었다. 걸어가면서도 의문이 꼬리를 문다.

이곳은 55세 이상 되는 사람이 살고 있는 노인 촌이다. 은퇴 후 시간에 매이지 않고 여생을 즐기는 사람들의 마을이다. 시간을 채근할 필요가 없어 오늘을 잊었을까. 오랜만에 자녀들이나 친구들이 찾아오는 것을 기다리면서 깜박 시간을 놓쳐 버렸을까? 인상도 좋고 예의 바른 노신사가 시간을 잊다니… .

시계 속에 초침을 한 초도 돌릴 수도, 잡아맬 수도 없는 흐름 속에 이곳에 이주해 온지도 10년이 지났다. 기다리는 시간은, 그리도 길었던 시간들이 빠져나가는 시간은, 것 잡을 수 없이 빠르다. 일요일에 교회에서 돌아와 다시 보면 언제 다가왔는지 내일이면 또 하나의 일요일이다.

이곳 산책길은 우리 집을 시발점으로 언덕을 빙 둘러 조성된 3.5마일 정도가 되는데 걷기에 오십 분 정도가 걸리는 아름다운 길이다. 적당한 간격을 두고 이어지는 집들은 각 다른 모양으로 집주인의 개성을 보여준다. 장미, 버드 파라다이스, 데이지, 라벤더 등 철 따라 피는 꽃들의 향기가 일 년 내내 산책객들이 깊은 숨을 들여 마시게 한다.

라구나우즈 이 마을이 형성된 지 50년이 된다. 새들은 자기들의 보금자리 인양 늦잠 자는 친구를 깨우는 목청을 가다듬고, 깊은 산에서나 들을 수 있는 머슴 새의 꾸욱-꾹 꾸욱-꾹 응답 없는 부름은 밤새 외로웠다고 토하는 듯 애절한 울림을 준다. 하루의 시작인 새 아침, 토끼들은 하얀 꼬리를 쳐들고 할 말이 있는 듯 크고 까만 눈을 깜빡인다. 어둠 속에 깨어난 뱁새나 풀벌레들도 자리를 털고 아침 인사하기에 바쁘다.

이런 아침 축제에 동참한지도 두 해가 지났다. 나이가 들어가며 건강하던 몸도 마모가 되는지 여행 갔다가 주저앉았던 아픈 기억들이 있다. 노인성 관절염이라는 어쩔 수 없이 얻어진 병명이었다. 하지만 인술의 발달로 무릎에 이식 수술을 받고 통증 없이 걸을 수 있게 되었다. 수술을 받는 동안 땅을 딛고 일어설 수 있기를 얼마나 바랐는지 모른다.

내가 디딜 수 있는 발걸음!

육중한 지축을 짚고 힘껏 마음대로 걸을 수 있는 이 아침! 삶은 아름다움이라고 크게 외치고 싶은 충동, 감사한 마음으로 하루를 시작한다. 젊은 날에는 앞만 보고 뛰었다. 사십 년 이민생활을 책은 고사하고 신문 한 장도 집어 보지 못했다. 가슴을 흔들어 놓을 많은 이야기들이, 은퇴 후에 시간을 쪼개어 음미할 수 있는 보고가 책장에 차곡차곡 쌓여 나를 기다린다.

하고 싶은 일, 해야 할 일들이 나를 기다린다. 갑자기 나타난 컴퓨터가 우리를 주눅 들게 한다. 컴퓨터를 모르면 마켓에서 물건을 구입하기도 어려운 현실이 되었다. 어떤 친구는 "컴퓨터가 나오려면 일찍 나오던 가, 우리가 죽은 후에 나오지, 왜 우리를 기죽게 하느냐는" 불평을 한다. 세대 차이를 탓하는 친구도 있지만, 어떤 친구는 젊은이 못지않게 손안에 든 작은 요술 방망이로 우주 촌에 일어나는 모든 정보와 지식을 즐긴다. 컴퓨터에 대한 기본 교육을 받지 않았던 우리 세대는 이해가 잘 안 되지만 포기할 수만은 없는 넘어야 할 과제인 것 같아 많은 시간을 투자하게 된다.

노인이 되면 잠이 없어진다고 한다. 그럴까? 남아있는 시간을 조금이라도 유용하게 사용하고 싶어 잠을 줄이며 살아가는 것이 아닐까? 흘러가는 시간을 잠으로 놓아 버릴 수 없기 때문이다.

달력에 일정이 빽빽이 기록되어 있다. 은퇴한 백수는 죽을 시간도 없이 바쁘다며 불평 아닌 환성을 지른다. 줄지어 이어지는 스케줄 따라 살다 보면 하루나 일주일, 그리고 한 달과 일 년이 나도 모르게 훌쩍 지나간다. 내가 누구이며 어디에 있는지, 지금 며칠이며 몇 주일인지 헤아리다 놓칠 만큼 뿌듯한 하루를 보냈다는 뜻이 아닌가 싶다.

오늘이 무슨 요일이냐고 물었던 노인도 그렇게 살아가는 분이 아니었을까? 시간을 쪼개 음미할 수 있는 삶의 보고 상자에 취해 사느라 노신사는 오늘을 잊었는지 모르겠다.

자욱한 안개가 걷혔다. 이렇게 건강한 두 다리로 걸을 수 있는 것이 축복임을 깨닫는다. 병상에 누워 두발로 걸을 수 있기를 간절히 소망하던 내 모습이 다시 떠오른다. 아침 햇살이 퍼지기 시작한다. 따스한 기운이 온 누리에 가득하다. 후회 없는 오늘이 되기를 빌어본다,

LWV Laguna Woods Village

아름다운 동행

발행일 : 9월 20일 2016년

발행인 : 김일홍

기획위원 : 김병희

편집위원장 : 김귀양

편집위원 : 김소향, 이영옥

사진 : 박승원 사진 작가

집필자 : 라구나우즈 글사랑 56인

발행처 : 북산책

북산책 미주대표 : 김영란

주소: 경기도 파주시 교하읍 문발리 513-5

전화 : 010-2016-7113

미국 : 1-408-515-5628

이메일 : 4mybook@gmail.com

ISBN : 978-89-94728-20-9 03800